思维方法六讲

教师写作

大夏书系｜教师专业发展

张肇丰 著

华东师范大学出版社

图书在版编目（CIP）数据

教师写作思维方法六讲 / 张肇丰著 . 一 上海：华东师范大学出版社，2024.
— ISBN 978-7-5760-5352-4

I. G40; H152.3

中国国家版本馆 CIP 数据核字第 20246P7A07 号

大夏书系 ｜ 教师专业发展

教师写作思维方法六讲

著　　者	张肇丰
策划编辑	李永梅
责任编辑	万丽丽
责任校对	杨　坤
装帧设计	奇文云海 · 设计顾问

出版发行	华东师范大学出版社
社　　址	上海市中山北路 3663 号　邮编 200062
网　　址	www.ecnupress.com.cn
电　　话	021-60821666　行政传真 021-62572105
客服电话	021-62865537
邮购电话	021-62869887
地　　址	上海市中山北路 3663 号华东师范大学校内先锋路口
网　　店	http://hdsdcbs.tmall.com/

印 刷 者	北京汇林印务有限公司
开　　本	890×1240　32 开
印　　张	9.5
字　　数	197 千字
版　　次	2024 年 9 月第一版
印　　次	2025 年 6 月第二次
印　　数	6 101~7 100
书　　号	ISBN 978-7-5760-5352-4
定　　价	65.00 元

出 版 人	王　焰

（如发现本版图书有印订质量问题，请寄回本社市场部调换或电话 021-62865537 联系）

目　录

前　言 ————————————————————————————— 1

第一讲　好课到好文：从一堂课进入研究

一、"以一堂课为例"进入研究 —————————————— 4

二、发现课的优点的研究 ————————————————— 6

　　（一）基于课的整体框架设计 ——————————— 6

　　（二）关注课的某种教学改进 ——————————— 13

三、针对课的缺点的研究 ————————————————— 23

　　（一）"课堂诊断"栏目 —————————————— 24

　　（二）关键教育事件 ——————————————— 27

四、从一堂课看一类课 ————————————————— 30

　　（一）确定一类课的范围 ————————————— 30

　　（二）从一堂课到若干课 ————————————— 34

第二讲　理论与实践：认识有用的方法论

一、理论的三个层次 —————————————————— 45

　　（一）哲学层面的理论 —————————————— 45

　　（二）方法论层面的理论 ————————————— 46

　　（三）应用方法层面的理论 ——————————— 48

二、关于教学的方法论 49

（一）教学理论的升维视野 50

（二）建构主义的误读与纠偏 56

三、理论的功能与选用 62

（一）理论的三种功能 62

（二）选用合适的理论 72

第三讲

比较与分类：
基于归纳的经验总结

一、比较分类的特点及应用 84

（一）比较分类的思维特点 84

（二）经验总结的两种类型 86

二、比较研究的三种方法 88

（一）新旧比较的方法 89

（二）纵向比较的方法 93

（三）横向比较的方法 97

（四）比较研究的拓展 103

三、通过抽象概括提炼成果 107

（一）抽象概括的一般思路 108

（二）抽象概括的角度和层次 112

第四讲　假设与验证：基于演绎的实证研究

一、行动研究 124
（一）行动研究与实践研究、经验总结 125
（二）行动研究的实施要点 127
二、实证研究 145
（一）观察法 146
（二）访谈法 158
（三）问卷调查 170
（四）实验研究 179

第五讲　叙事与说理：蕴含在故事中的研究

一、叙事研究与案例研究 194
（一）叙事与案例的联系 195
（二）叙事与案例的区别 196
二、叙事研究的参考模式 198
（一）质的研究模式 199
（二）课例研究模式 200

（三）个人的教育史　　　　　　　　　202

（四）关键教育事件　　　　　　　　　210

三、关键教育事件的写法　　　　　　　212

（一）事的角度　　　　　　　　　　　212

（二）课的角度　　　　　　　　　　　214

（三）人的角度　　　　　　　　　　　216

（四）物的角度　　　　　　　　　　　219

四、叙事文本的写作策略　　　　　　　220

（一）开头：从有意思到有意义　　　　222

（二）中间：从故事引子到叙事线索　　222

（三）结尾：从泛泛而谈到深度解读　　223

（四）叙事的理论化　　　　　　　　　224

第六讲 **同化与顺应：教师专业成长之道**

一、从范例到系统，生成实践理论　238

（一）编写范例　239

（二）提炼概念　248

（三）系统化　254

二、走出舒适区，面对专业成长的挑战　268

（一）阅读论著　270

（二）反思性写作　274

（三）寻找身边的高手　276

后　记　283

前　言

　　教师写作可以有广义与狭义的两种理解。广义的教师写作，涉及以教师的工作、学习和生活为对象的各种文体写作，包括随笔、评论、散文甚至文学创作等，都可以归入教师写作的范畴。狭义的教师写作，通常指教育教学研究文章或称科研写作，主要包括论文和案例两大类。本书所论则限于狭义的教师写作范畴。方法论是不同层次不同类型方法的集合或体系，包括哲学思想方法、一般科学方法和具体应用的方法。本书拟立足于思维方法的视角，阐述对研究方法、写作方法的理解和运用。

一

　　关于教师是否需要做课题、写论文，一直是个很有争议的问题。从教师专业成长的不同道路和相应主张看，也有两种教师实践研究和写作的路径及方式。两种思路都拥有各自的支持者和实践者，也都能从理论上旁征博引以论证其正确性，或从实践中举例证明其可行性。

　　走广义的实践研究之路，就是强调教师的研究与日常工作紧密结合，在工作中研究，在研究中工作。这条路径最明显的好处是研究者不用脱离工作实际去设计研究课题、撰写不擅长的论文报告，只要有自己的教育追求和大致的教改设想，努力地在日常工作中实践、思考、领悟、改进，就能逐渐提高认识水平和研究能力，取得良好的教育教学效果。在这个过程中，教师的智慧不断生成，精神得到陶冶，境界得以提升。如果撰写和发表一些叙事或随笔，也能促进自身的反思和提高，并获得社会的认可。这方面比较典型的例子，就是许多优秀教师通过磨课、赛课、说课（讲学）等教研活动，实现了自己的事业成功和人生理想，即所谓不做课题，照样精彩。

然而，走这条"泛化研究"之路，其障碍在于入门不难，提高却不易。从研究的性质和取向看，广义的实践研究重在求善而不是求真，即"做正确的事比正确地做事更重要"。因此，在研究方法上，这类研究强调不必遵循复杂烦琐的科研规范，倡导教师研究的"原生态""草根性"，因而大大降低了教师参与研究的门槛。然而，事情多有两面性，泛化的实践研究一方面增强了教师参与研究的自信心和可行性，受到广大教师的欢迎；另一方面，也使教师失去了一些必要的方法指导和支持，热情投入中不免带着些茫然。离开了有计划、有系统的研究过程，所谓实践反思也很容易流于琐碎和表面。实际上，上公开课，写叙事随笔，参加教研活动，教师研究水平的提高主要是依靠个人的体验和感悟。虽然体验和感悟也是一种重要的认知方式，对教师的专业成长有着不可或缺的独特作用，但其作用范围毕竟是有限度的。受制于个人的素质基础和不同的成长环境，有些人能够因悟而得道，也有不少人始终悟而不得，徘徊于低水平的摸索、彷徨之中。

与"泛化研究"相对的是"规范研究"，其特点是有一套现成的研究方法和研究规范可以遵循和操作，研究过程比较深入和系统，研究结果相对单纯和可靠。例如，要有明确的研究目标和整体的研究设计，要了解和借鉴以往同类研究的成果，要在研究过程中注意收集材料、加工处理、反馈调整，要在深入反思、系统总结的基础上提出自己的看法和结论等。这种规范化的研究模式，大多体现为各种类型的课题研究，但相当数量的学校和教师并未申报立项，而是参照这种模式开展自己的实践研究。从教师专业发展的角度看，学习并遵循"研究规范"，有助于提升教师的研究能力和学术素养，特别是在拓展研究视野和增进思考深度方面有着明显的作用与效果。

二

虽然广义与狭义的两条研究写作之路，还存在不小的争议，但对于广大教师来说，面临的问题却是共同的，那就是教育行政部门对论文写作的要求日渐明确和强调。随着教育事业的发展和时代的变迁，社会对教师专业素养的要求也在不断提高，教育部多年前就颁布了中小幼各学段的教师专业标准。在上世纪八九十年代，评选特级教师还没有发表论文的硬性要求，而现在发表论文几乎成为各地教师晋升高级职称的标配。排除文学类的散文作品，就是教育叙事、教学反思之类的写作，也往往在各种考评中面临着"算不算研究成果"的质疑和风险。由于对泛化研究成果的评价带有较大的主观性，因此比较规范可行的科研写作逐渐在各种教师评价场合中占据了主导地位。

在上述背景下，有关科研写作的理念争议转而通过另一种形式得以延续和展开，这就是科研指导和教师培训的"理论派"与"实践派"的区别。总体而言，来自高校专家学者多半偏重于理论知识的系统讲授和分析解读，来自基层学校的优秀教师和地区教科研人员更重视教学示范和案例分析。当然，二者也有共识，那就是都强调"理论联系实际""理论与实践结合"。从这些年教研和培训的现状看，成效还有待提高，但有这个共识却是一个很大的进步。现在的问题是，理论派怎样用理论来解读和解决教改实际中的具体问题，实践派怎样把零散的、个别的举例感悟提升为可迁移的一般做法和原理。

这些年公开发表的教师科研写作的论述不少，各种专家报告和现场指导就更为广泛。就专著出版而言，大多属于课题研究指导类，涉及写作方法指导的较少。少量的科研写作类论著中，多半是面向高校师生为主的学术论文和研究报告指导，比较强调论文写作的学术规范，大致可归于"理论派"。另一部分则是面向中小幼教师的科研写作，一般属于"实践派"，比较强调指导的"实用""实操"，甚或"实战"。后者的特点是按写作文体类型，如论文、案例、叙事、随笔、调查报告、文献综述等，结合实例进行点评指导。从"理论与实践结合"的角度看，目前教师写作指导大致处在实践经验层面，还缺少理论层面的提炼和提升。实践派论著的长处是可读性强，通俗易懂，不乏启迪思考的真知灼见；其弱点是缺少整体思路，内容比较零散或前后不统一，难以给读者提供新的认知结构。

造成理论与实践脱节的根本原因，还在于有关写作的基础理论发展滞后于写作实践。写文章并不是一个简单的写作技巧问题，而是写作者所具有的思想、情感、经验、能力和知识的一种综合性体现。对于这样一个复杂的心理活动，目前人类的科学研究水平尚不足以探明其内在机制、外部条件及其相互关系。以现有的各种心理学、教育学、语言学、传播学和写作学的理论，我们只能就写作的某些侧面、局部和枝节问题做出解释和阐发，但还不足以从根本上揭示写作的奥秘。

三

写作的复杂性和理论的不成熟，并不等于写作方法研究就没有意义和价值；或者说恰恰相反，正因为问题难以解决，现实的需求就更加强烈，写作者就更加需要帮助和指导。这种方法指导可以包括各种写作的具体的方法技巧，比如标题、摘要、关键词、论文开头结尾、参考文献的规范和写法等。有些教师特别关心文章的题目应该怎么起，某些专家也迎合这种需要，讲授怎么将某些流行的名词术语排列组合，构成吸引期刊编辑眼球的文章标题。但这类方法技巧脱离了教师科研写作的具体情境，很容易变成一种文字游戏，未免舍本求末。日本的佐藤学教授倡导课堂观察要有三种视角：飞鸟之眼、蜻蜓之眼、蚂蚁之眼。也就是说，要从宏观、中观、微观不同视角出发，才能全面、准确地把握课堂教学的现象和实质。教师的科研写作同样如此，先以鸟瞰的方式从一定高度来认识科研写作的思维方式和研究方法，可能更有助于教师建立一种科研写作的"大局观"，最终也更有利于一些方法技巧的理解和运用。

近年来有两个流行词语："顶层设计"和"底层逻辑"。所谓顶层设计，是指思考问题时要通盘考虑问题涉及的各个层次和要素，追根溯源，统揽全局，在最高层次上寻求问题的解决之道。底层逻辑，则是指事物产生的原因和条件，或产生结果的决定性因素，强调要从事物的底层和本质出发，寻找解决问题的路径方法。其实，两个词语从不同角度说明了一个道理，就是要站在高处看到事物背后的本质和原理，才能掌握运用下位的具体方法。比如，蚂蚁生活在一个平面的二维世界中，不能发现头顶上和前方障碍后的食物或危险，因此就不可能形成三维世界中人类的思维方式和行为方式，"三维"对"二维"就形成了一种"降维打击"。

教师的实践研究，是教师在一定教育理念的指引下，通过系统的教育行动来解决面临的教育实际问题；也是教师作为认识主体在特定情境中对教育教学规律的一种再认识和再发现。所谓实践创新，就是教师在自身所处的特定情境中，对前人提出的教育规律或教育理论有了新的领悟和新的应用。教师科研写作的顶层设计和底层逻辑是什么？本书试图以教师的实践创新为核心理念，以思维方式、研究方法、写作方法为三个基本要素，构成一个教师科研写作的方法论框架。其中基本的逻辑关系和论述思路是：思维方式＞研究方法＞写作方法。具体地说，教师实践研究可以分为归纳与演绎两种基本的思维方式，并对应于经验总结、行动研究、实证研究等研究方法，再具体呈现为不同的文体类型和写作方法。阅读本书，教师可以从这个分析框架入手看待各种实例和点评，逐渐从"同化"走向"顺应"，从而建立属于自己的科研写作的认知结构。

本书的内容结构，可以看作总—分—总三个部分。第一部分为前两讲，是一个总论，主要是谈教师的工作、研究与写作的关系，包括上好课与写论文的关系、理论与实践的关系。第二部分是其后三讲，分别从思维方式角度谈不同研究方法的运用和表达，属于分论性质。第三部分即第六讲，是总结，阐述有关实践理论的形成和教师专业发展问题。本书论述方式的定位是通俗讲座性质，主要面向中小幼教师。书中较多地通过实例分析来说明问题，对一些科研写作的理论思考没有展开论述，对理论研究感兴趣的读者可以参看《从实践到文本：中小学教师科研写作方法导论》一书。本书的选材角度更多地偏重教师、课堂、教学等内容，注意提炼和分析教师关心的一些普遍问题。例如较多地选用课堂教学、学科教学的实例开展讨论，并较少引用一些比较专业的学术性较强的课程教学论的论著；比较多地从研究新手和初学写作者的角度出发，提出问题和讨论问题，不做过多过深的理论探讨。这样从思维方式的角度来解读科研写作问题，也是一种尝试，其效果如何，还有待于作为研究者的教师们的评判。

第
一
讲

好课到好文：
从一堂课进入研究

在教师科研写作问题上，我们经常可以听到一种说法：某老师课上得很好，就是不太会写文章。这意思是说，某老师有丰富的教学经验和写作素材，就是不太会表达。这种说法其实掩盖着一个很大的认识误区，那就是把写作当作一种表达方法和技巧，而没有认识到，教师的写作是一种包括工作、学习、研究和写作的综合素养的体现。不深刻地认识和承认这一点，写作者就会有一种不切实际的"投机取巧"的想法，往往因急于求成而事与愿违。

从"上好课"到"写好文"，是一种思维方式的转变。上课是工作，写文章是研究。工作上要考虑的事情很多，做好了事情也未必都能说清其中的道理；做研究写文章不是汇报工作，而是选择工作中最有心得体会并能讲清道理的部分，想清楚、写明白，以此启发他人、提升自我。这就是"知其然知其所以然"。因此，作为一名研究者的教师，要善于用研究的思路来观察和思考自己的教育教学工作，从而摆脱就事论事的思维局限，形成一种认识规律、表述规律的思维方式。

▸ 一、"以一堂课为例"进入研究 ·

这里所说的"一堂课"是个比较宽泛的说法，可以理解为一个基本的教学单元——不仅是指一课时的教学时间，还包括多于一课时的"一篇课文""一个单元""一次实验""一次活动"等连续、完整而又相对独立的教学单元。

以一堂课作为基本素材构思一篇文章的选题和结构，比较符合通常所说的"研究要聚焦""题目要以小见大"的写作原则，看起来也比较容易入手。我们在教育期刊上也常见到诸如"——以《××》一课为例"的副标题，加上一个比较学术化的正标题，似乎就可以构建一篇文章的主题和框架了，其实事情并没有那么简单。初学写作者一旦试图将手头的一堂"好课"的教案等材料"变现"为一篇文章，就会感到并没有多少可以发掘提炼的素材和经验，很容易流于一般的工作小结。

教师的实践研究，主要途径和方式是"实践反思"。所谓反思，按杜威的说法就是"对某个问题进行反复的、严肃的、持续不断的深思"[①]。一名教师积累了大量的教案、教学设计和工作小结，或者在一些教学评比中获了奖，并不代表他对这些教学现象中的某个问题有了比较深入系统的思考，更不等于有了某种值得向他人介绍的做法和经验。一般来说，教师的经验体会往往是零散的、随意的、浅表的，大多没有什么特定的经

---

① 杜威：《我们怎样思维·经验与教育》，人民教育出版社，姜文闵译，2005 年版，第 11 页。

过反复思考的问题。他上了一堂公开课，表达了自己对同伴和领导的"感动、感谢、感恩"也就过去了。而研究则需要对某个问题（包括成功经验和失败教训）进行集中、深入、系统的思考，需要发现、探讨一些带有普遍性和规律性的问题。有些教师平时缺少问题意识，等到要写文章时就急于把手中的教案、教学体会"变现"，但又理不出思路。课上得好是写好文章的一个有利条件，但并不是充分条件，甚至未必是必要条件。我们在身边也可以看到，有的教师课堂效果似乎一般，但文章却写得不错。这说明"好课""好文"的成因还比较复杂，这里就不展开讨论了。

要研究一堂课，首先要确定研究的方向和主题，也就是杜威所说的"某个问题"，再围绕这个主题观察课堂，搜集积累素材，然后在这个基础上有集中深入的实践反思。作为一名能上好课的教师，需要在"好课"的基础上深入思考：好课好在哪里，与以往的思路有何不同，要达到什么目的，教学设计的核心内容是什么，教学过程是怎样组织的，课堂上有什么精彩的对话和场景，学生的表现和教学结果是否符合教师预期，有什么可注意和需要改进的地方，等等。因此，有了"实践"还要有"研究"，"知其然"还要"知其所以然"，这样才能提炼出研究的问题和主题，从"好课"进入"好文"。

"以一堂课为例"开展研究，很重要的一点是这堂课的教学理念和方法确实有比较明显的特点和优点，或者是有能引起讨论和争议的问题，这样也就形成了"找优点"和"找缺点"两条科研写作的思路。

▸ 二、发现课的优点的研究 ◂

一般来说，文章都是写给别人看的。一堂课有特点有优点，就容易引起读者的关注。至于怎样判断一堂课的优劣，不能局限于执教者或作者的自我感受，还要更多地考虑读者的需求和认可。

一堂"好课"的特点和优点，关键在于能够说明和解决他人关注而未解决的问题，这样才能体现出写作和发表的价值意义。根据课的内涵，这种特点和优点的介绍可以是基于一堂课的整体设计和实施过程，包括从目标制定、导入新课、组织教学、交流讨论到练习作业等各个环节；也可以是着重于某个侧面或环节，如某个问答或自学环节的处理和体会等。

（一）基于课的整体框架设计

整体设计是指一堂课基本的框架结构，是对教学要素和教学过程的思考与构建。教学过程包括教师、学生、教学内容、教学方法等要素，还包括预习、导入、讲授、讨论、总结、练习等步骤和环节，这方面有许多不同的理解认识和理论流派，对这些要素进行不同角度或程度的强调和组合，就构成了不同特色的教学设计及框架结构。

我们经常可以看到这类文章，以"三步四环"或"三维五段"之类的字样凸显其主题和特色。这样围绕"导学""进阶"或"主体性""一体化"的核心理念，先呈现一个图表阐述教学理念，再分段阐述教学步骤并举例说明，就构成了一篇文章的基本框架。这里的问题在于，由于主客观条件的限定，多少年来我们中小学的学科教学和课堂教学已经形成了一种基本固定的模式或套路，其教学环节和步骤大同小异。无论是归纳成"三步""四步"还是"五环""六段"教学法，或者是称"××导学""××进阶"，虽说法不同，其教学过程的结构和方式差异并不大，大体上都反映了一个"提问—交流—总结—练习"的教学基本过程，这样研究的新意和实质意义就比较欠缺，文章发表的难度也比较大。

一个有特色、有新意的教学设计，往往是在研究新情况、解决新问题的过程中形成的，能够针对新的问题情境提出一个不同于教学常态的思路和方案。这种针对新情境的应对策略可以分为两类。一类是对原有课堂教学结构的重组改造。比如近年来不少教学研究聚焦于"先学后教""翻转课堂""逆向设计""混合教学""大单元教学"等主题，就是在新的教学理念的引导下，对原有课堂教学结构做出了比较大的甚至是"颠覆性"的改动。另一类，则是出于没有先例的新课程、新教材、新活动的教学需求，以及新增补的教学篇目或教学单元等新的教学任务中，引进了新的教学要素，形成了新的教学设计，如综合课程、校本课程、跨学科学习、项目化学习等新兴的教学领域。

当然，上述两类教学设计的"新意"也是相对的。这些"先进"理念和相应的教法刚出现时，给人的感觉是比较新鲜，即使相关实践刚起步，总结的经验还比较粗疏，别人也愿意了解和学习。而当这些做法传播推广之后，其优点、特点往往就被逐渐暴露的缺点或问题掩盖，比如曾经比较流行的

"预习单""自学单""导学单""任务单"等教改经验热过几年就逐渐冷却下来了，这时候就需要我们与时俱进，在原有基础上提供更深入更成熟的研究成果。

<table>
<tr><td>实例
1.1.1</td><td></td></tr>
</table>

阅兵之美 ①

国庆节看阅兵了吗？什么感受？美在哪儿？美在心里！上了今天这节课，你再看阅兵，感受一定会不一样。我们一起拭目以待——（大屏幕播放视频）

这次阅兵是新中国成立 70 周年的国家庆典，天安门广场放了 7 万只和平鸽，7 万只气球。咦，将军到第一排士兵的距离为什么是 6 米，而不是 7 米？

装备方队最后一个出场的是——"东风-41"。当时的解说词，我觉得似乎没有说出什么。昨晚看了同学们的研究单，发现杨巢鸿、吴限、孙颢珉等同学对"东风-41"了解得很多很多。你们能和同学们交流一下吗？

……

周灵、袁一涵、王钰涵等同学都提到"东风-41"能 20 分钟打到纽约。北京到纽约 10991 千米（板书：1 万千米），你能算出"东风-41"的飞行速度是每小时多少千米吗？

姚开怀、刘嘉诚等同学还提到每秒多少米的好问题，真

---

① 实例 1.1 均来自北京市第二实验小学副校长华应龙提供的研究材料。

像是我的托儿!

我们还可以换个角度，来理解"东风-41"的飞行速度。速度 800 千米每时的飞机，从北京到纽约，要多少时间？12.5 小时。

如果这么来解说，是不是能更加展示出我们"东风-41"的威力？

如果请你来解说，要准备多少字的解说词？独立思考，交流分享。

课后，请有兴趣的同学继续研究，试着写出自己的解说词，我在北京等着大家的精彩研究!

这节课，我们一起分享了阅兵中的三个数学故事。有道是"外行看热闹，内行看门道"。现在，大家能分享一下吗，你看出了什么门道？

心中有什么，眼中才能看到什么。看阅兵时，你看到数了吗？（板书：数）数在哪儿？（板书"心形"）

阅兵的美，美在哪儿？美在心里!（出示：心中有数，更加美好）阅兵的美，美在哪儿？美在精度，米秒不差；美在力度，铿锵有力；还美在速度——

美在速度？速度是快好，还是慢好？（学生莫衷一是）这次阅兵方队正步的速度是每分钟 112 拍，你知道吗？原来是 116 拍。请看升旗方队——

猜一猜，与海军方队比，速度快了，还是慢了？是慢了，感觉真好!（板书：66）慢了，就有一种定格的美。

再想想，速度是快好，还是慢好？（指板书）该快的，越快越好；该慢的，越慢越好。

阅兵的美，美在速度，同意吗？阅兵的美，美在速度，她让我们看到了祖国日新月异的发展速度！

实例
1.1.2

破解"6米"之谜

《阅兵之美》的第一回，教师提出问题：将军到第一排士兵的距离为什么是6米，而不是7米?

生：我觉得后面的加起来应该是7米。

生：我觉得是因为他们之间的距离太远了，整个队伍看起来就没那么好看了。

生：可能是因为六六大顺。

师：（微笑）同学们真会动脑筋。刚才有几位同学发现，阅兵的正步是75厘米。现在再想想，将军是领队，领着整个方队踩过敬礼线，正步通过检阅区。正步一步75厘米，现在再想一想为什么是6米而不是7米?

生：一步75厘米，6米是600厘米，600减去75等于525厘米。525，我爱我，我爱我的祖国。（全场大笑）

师：妙答！还有不同的思考吗？有人用计算器了，真好！可以前后4人交流一下。

生：如果是6米的话，就正好可以除以75；如果是7米的话，除以75，就是9点3，3循环，就不能整除了。

师：哦，原来有这样的秘密。你除了吗？（同学们点头）如果间隔是 6 米，几步？（8 步）如果间隔是 7 米呢，就是（9.3 步）。不是一个整数步，这有什么关系呢？

生：军人迈的步数应该都是整步数，不可能迈那种带小数点的步数。（全场笑声）

师：（笑）原来是这么回事儿，带小数点的步子不好迈。再想想，是不是将军走在前面，喊了"向右——看"，踩了敬礼线之后，后面的士兵也要跟过来？（学生点头）如果他们之间的间隔是 6 米，那么 8 步之后，第一排士兵就……（生：踩着那根线了。）如果间隔是 7 米呢？（生：就踩不到那根线了。）

师：我们一起看看，好不好？会打拍子吗？在桌上轻轻打拍子。看到将军的脚踩着那根敬礼线，那根很粗很粗的敬礼线，我们就开始数 1、2、3、4……好不好？（学生点头）一起来。（学生打拍子，当数到"8"，看到第一排士兵踩上敬礼线时，学生的眼睛亮了，惊喜的表情。再次播放，确认，更多的学生瞪大了眼睛——"哦！"）

师：哇！原来是这么回事儿啊，好棒！你看，阅兵那么整齐那么美，背后是有"数"在支撑着啊！（停顿片刻）这么一研究，孩子们，我特别想和大家分享一位大数学家说过的一句话。

（PPT 出示）

生：（齐读）哪里有数，哪里就有美！

师：是啊，哪里有数——（生接着）哪里就有美！哪里有美——（生接着）哪里就有数！

这是华应龙老师的一堂公开课，教学对象是五年级或六年级学生，课程内容属于小学数学"综合与实践"领域。这堂课原以 2015 年"9.3 阅兵"为背景设计教学情境，2019 年国庆大阅兵之后，又根据新情境做了改进。华老师曾多次在教学研讨活动中进行《阅兵之美》的公开教学，受到广泛好评，《小学数学教师》《中国教师》等杂志多次刊载了华老师的"说课"和经验介绍。《阅兵之美》的特点和优点，可以概括为以下三点。

（1）设置恰当情境，提升思维含量。本课知识点涉及小学数学中的植树问题、相遇问题、追及问题、速度问题等内容，包括长度、数量、间距、路程、时间、速度等概念和相关公式。这些知识点在小学三年级至五年级都有接触和学习，如何在不超纲的情况下增加思维含量，提升学生知识技能的综合运用和迁移能力，需要一个既贴近学生生活实际，又有足够探究空间的教学情境。"阅兵之美"的情境选择近乎理想。

（2）抽象与具体结合，巧妙引导思考。有好的情境设置，还要有好的问题设计，才能发挥在真实情境中发现问题、思考问题的作用。华老师善于在阅兵式的宏大场面中发掘不为人注意的细节及问题，从而引发学生的兴趣和思考。同时，他又将抽象的计算推理与具体行为的验证相结合，体现了做中学的思想和效果，也暗合了近来流行的具身思维的理论。

（3）重视动机激发，融合思想教育。教学现场播放的阅兵视频的音画效果十分震撼人心，但也容易使课堂教学流于表面的热闹。本课设计蕴含着两条线索：一条是引导思考，提升学生分析问题、解决问题的能力和素养；另一条则是激发动机，让学生在运用数学思维的同时接受了生动的爱国主义教育。《阅兵之美》的优点是将两条线索十分自然地融合在一起，不生硬，不做作。用华老师的话来说：这是一节不只是数学的数学课，是一节植根播种的爱国主义数学课，是借数学语言，来礼赞阅兵、讴歌祖国的数学思政课。

（二）关注课的某种教学改进

基于课的整体设计和教学流程的研究文章不少，但有特点有新意的不多。之所以写的人多，除了有读者的客观需求，作者主观上也有思维的惯性和局限，觉得把上过的课有条理地梳理、述说一遍比较容易。但事情的两面性和矛盾性在于，容易做的事情往往价值也小。要对原有课堂教学模式有一个整体性的"颠覆性创新"比较难，因此我们有时需要换一个思路，争取从课的某个环节、某个侧面的角度有所改进、有所研究。这样的提炼总结好像比写整体设计麻烦些，但找到合适的角度后更容易发掘"亮点"，有事半功倍的效果。

所谓合适的角度，当然不是凭空假设，也要有一定的实践反思的基础。比如，对自己的日常教学和公开教学的成功之处加以回忆和审视，思考某个或某些引人注目和得到好评的地方，从中提炼出研究的主题和结构。找到这个切入点之后，还可以在后面的教学实践中有意识地再次尝试应用，予以丰富完善，逐步形成研究和写作的基础。

有关教学过程中教师、学生、教学内容、教学方法等要素，以及预习、导入、讲授、总结、练习等步骤和环节，都可以进一步分解分析，寻找和发现自己与众不同的地方，再考虑这个切入点是否有可能发展为研究的主体内容。许多教师都有课堂教学的成功体验，如某堂课的教学效果特别好，学生对某个提问的反响特别强烈。这时候执教者可以考虑自己在问题设计和实施方面是否真的有所思考有所尝试，比如对问题设计的指导思想、内容类型、思维层次、前后衔接、问答方式，以及对师生关系、课程标准等相关问题是否有一定的认识，是否能够举一反三，通过一堂课或一个教学系列的例子说明一种提问设计的新思路、新方法。同时还可以与这堂课其他的教学特点做比较，比如把"提问设计"与"学用结合"或"分组讨论"进行比较，看看究竟哪个"点"可以开发出更多的材料和成熟的思路。

实例 1.2

"反向求异思维"教学 [①]

所谓反向，就是与一般的思维方向相反的方向。反向求异思维的教学，就是选择与一般教学相反的思路来设计和实施教学，常常可以获得出乎意料的收获。有老师教学《项链》时，打破一般教师从头至尾循序渐进的教学常规做法，破题时如此设问：

---

① 牛树超、都术才：《教学思维影响学生的思维发展》，《中学语文教学》，2022 年第 12 期，第 17 页。实例标题为原文中的小标题。

同学们，大家都已经比较认真地阅读了《项链》全文，基本把握了小说所描写的故事内容和情节。大家一定会为小说结尾——项链的主人告诉故事的主人公借她的项链原本是仅值500法郎的赝品——所折服。但是，现在我请大家一起来做一个假设，对小说的故事情节来一个反转，假如删除小说的最后两段——

　　夫人佛来思节很受感动，抓住了她两只手：

　　"唉，可怜的玛蒂尔德，不过我那一串本是假的，顶多值五百法郎！……"

　　请同学们认真阅读没有了最后两段的小说结尾的小说全篇，与原小说做比较分析，两者的主旨和写作意图会有怎样的变化？这篇小说的意义和价值又如何呢？

　　小说本来运用的是一种"释悬反转"的文学技法，常常会给读者带来强烈的思维冲击，产生意料之外、情理之中的心理跌宕；不仅如此，这样的反转带来的讽刺，还实现了小说主题和价值意义的逆转和升华，那就是作家旗帜鲜明的价值判断——虚荣、好出风头、死要面子；而出了状况，还不敢直面矛盾和问题，这种人性的弱点和劣根，不仅伤害自己的今天，而且会毁掉自己的未来，如此"活受罪""受活罪"的心态和人格，应该摒弃。这是作家站在不仅是作家而且是一个社会判官的立场来写作和说话的。如果没有这反转的两段，显然也就没有了这样强烈的讽刺意味和批判立场，那作家不过是生活的冷静旁观者、客观记录者罢了。如此将评判的权力交给读者，就可以使文学发挥其原本的价值：仁者见仁，智者见智，读出一个个不同的鲜活的"玛蒂尔德"。这样反向求异设计形成的"比较"，主要不是为了分辨作品的好坏优劣，而是为了打开视野，发展学生的思维品质。

例文作者提出了一个值得重视的观点，即"教学思维影响学生的思维发展"。文中提出了四种教学思维方式：横向拓展思维、纵向掘进思维、反向求异思维、对面（换位）思维。论述"'反向求异思维'教学"时列举了《项链》的教学实例，呈现了一种打破教学常规、激发学生思维的巧妙构思。从一堂课的教法改进角度说，这个课例的新意在于提出了一种假设：有没有结尾的最后两段，小说的主旨和意图会有什么不同。这种假设性的反向思维和问题设计，在已有认识的基础上构建了一个新的认知场景，使熟悉的事物产生了陌生感。由此对比思考，可以有效地激发学生的学习兴趣和认知冲突，避免了惯常的教学套路和被动接受，这是这堂课的特点和优点。

还需要指出的是，《项链》一课的执教者提出了一个好问题、好方法，但上文作者对这堂课的解读却是不太准确的。说有了结尾两段，"作家就不仅是作家，而且是一个社会判官"，就表达了"旗帜鲜明的价值判断"，其实是作者的过度引申和提示。如果过早地给出一个标准的正确的答案，并不利于学生的"反向思维"。阅读小说原文可以看到，结尾两段仍然保持着小说家莫泊桑一贯的叙事风格和文体特征，并没有抛开一个

"旁观者"和"记录者"的身份而直接地正面地做出某种社会评判。当然，表面的冷静背后也有作家的情怀，但文学作品的思想内涵是通过叙事来表达的。小说结尾安排了一个赝品的结局，使得小说具有强烈的艺术效果，也极大地丰富了作品的思想内涵。至于这个思想内涵或批判精神到底是什么，一千个读者眼中就有一千个哈姆雷特，这才是文学的魅力和价值所在。我们可以说小说批判了主人公的"物质""虚荣""死要面子活受罪"的人格缺陷，也可以说反映了身份不同的两位女士的诚实、守信、友爱的善良人性，还可以说揭示了优秀文学作品对复杂人性的洞察和对金钱社会的思考。好课的标志之一是为学生创建一个足够的思考空间。作为教师，我们需要更深刻地思考，教学思维怎样影响学生的思维发展。

実例
1.3　　　不是作文题，只是"想一想"①

能不能增加一些"不像作文题"的练习题，引导学生思考，让他们自由地想？如果他们能有自主思考的习惯，"培育批判性思维"才会成为一种可能。教师不能总是自以为是，也不能低估学生的学习能力，更不能低估学生判断是非的能力。教育者往往以为规训只能"告诉"甚至"灌输"，而那样的教

---

① 　王栋生：《不是作文题，只是"想一想"》，《中学语文教学》，2022 年第 12 期，第42—43 页。

学方法无法让学生认识并尊重常识。学生的大部分知识与能力来自生活而非教科书，才算是"学会学习"。

示例 1：关于道路施工问题。

示例 2：城市公厕的分布与管理。

（把能想到的写出来，先不要考虑顺序。）

示例 3：有所学校，假期重新规划校园，砍去了三十多棵树。开学后，得到老师和同学们的肯定和赞扬。

（把看到这则信息后想到的话——写下来，然后选择几句你认为重要的句子，推测各种可能。是不是只要是"种树"，就一定是对的？）

以上这些，也"不像作文题"。有老师认为像是市政部门业务范围的工作，或城建专业的问题，这类话题，和学生生活有关吗？当然有关。事事关心，时时在意，更何况施工的噪音也"入耳"了，市民的质疑也"入耳"了（当然，广大群众的赞扬声肯定已经先"入耳"了）。作为市民，"想一想"有什么不可以？从道路施工管理水平的差异，到城市公厕的分布与管理，都能影响学生对管理水平的认识，他们未来也将是劳动者或管理者，他们现在就开始研究问题并思考。植树造林是国策，也必须因地制宜，树种的不是地方，种得过多，品种选择失当，同样会妨碍人的生活；校园年年种树，导致学生缺乏活动的空间，权衡利害，自然要以人为本。引导学生观察这些与民生有关的事，是"立德树人"，也是培育语文素养。从这些事中，他们看到了管理智慧，看到了方法的不同，看到了"问题""对策""步骤""难题""措施"，看到了"沟通""特殊性""灵活性""效率""智慧"，等等，这是有效率的学习。有效的作文教学，要让学生"会想"，作文教学能引导学生积极地"想"，他们就能有无数的发现，其价值远远超过"45 分钟写出 1000 字"的应试技巧。

有老师问：这些"任务"如何教学生去写？能不能提供一些教学思路，能不能有些"成文"的基本策略？这类设计，本意不过是培育思考，在看似没有问题的地方能有自己的发现，在复杂的问题中能理清头绪，总之，只是为学生提供"敢想""会想"的机会；至于能不能写成"作文"，要看他们能从中"借"到什么，并能有什么感悟了。

**实例
1.4**

口头作文 ①

每天口头作文十分钟。按照学号，由学生轮流自主命题。一分钟思考之后，全班同学口头作文，老师现场点评、归纳、辩正。最后，再由命题的学生做补充和总结陈词。

---

① 王开东：《作文的理论困境和实践突围》，"王开东"微信公众号，2023 年 9 月 23 日。

我的想法是，让每个学生都经历一次努力寻找材料、细致地归纳提炼、认真命题、多角度寻找思路、清晰完篇的写作过程。这样真正的写作过程，只要经历一次，就会终生难忘。一次经历，就学会写作了。更重要的是，学生长期在这种短时间的构思碰撞中磨练出来，形成了高度敏感的发散性思维，就会在高考的短暂构思中，技高一筹，先人一步，立于不败之地。

事实证明，这种口头作文的方式，没有一个学生不喜欢，没有一个学生不热衷。

下面摘录如下：

学生的自主命题是《玩具》，命题者是蒋楠。同学们尚在积极思考，我心下疑惑，不知道这个题目，学生的研讨和交流的效果怎么样。

很快，第一个学生说："玩具中寄托着我们的童年。很偶然地，暑假里收拾房间的时候，我检视了一个个玩具，一个一个地玩过去，玩了很久。每一个玩具，都是童年快乐生活的映照。童年走了，永远不回来了，但童年的玩具还在。玩具提醒我们，要永远保留一颗童心和纯真。"

第二个孩子说："玩具中散发着亲情。我在想，玩具怎么来的？玩具都是父母给我们精心挑选的，寄托着爸爸妈妈的爱。看到了玩具，我就想到了父母，想到了他们对我的呵护和无微不至的爱。我的内心充满着感恩。我怎么会，怎么能忘记有玩具的岁月，有爸爸妈妈宠着的岁月？"

第三个孩子说："要正确对待玩具，不能玩物丧志。凡事都有弊有利，对待玩具也是如此，我们在玩具中获得快乐，也在玩具中获得启迪。但人是有主动性的，我们不能被玩具左右。一旦被玩具左右，就不是我们在玩玩具，而是玩具在玩我们了。"

第四个孩子得到启发说："我们这一代学生，是不是也是玩具？我们有眼睛，却不会观看；有耳朵，却不能谛听。在不断的实验和改革中，我们甚至连玩具也谈不上。玩具能给人带来快乐，我们只给人带来沉重。现代学生充其量只能说是工具，机械做题的工具而已。"

一个瘦瘦的小姑娘站起来说："我们在父母的玩具里静静地长大，其实，我们也是父母的玩具，给父母带去快乐。更重要的是，有一天父母老了，在炉火旁打盹，我希望我们也要给父母玩具，给父母带去快乐。"

当然，最精彩的还是陈裔宁，一个戴着眼镜瘦瘦的男孩。他说："我们对待玩具的过程，可以看出我们的创造力是怎么丢失的。我们小时候，最初的玩具是积木。几块小小的木块，可以造出房子，大桥，火车，恐龙，飞机，长城……我们随心所欲，我们无所不能，我们的心有多宽，创造力就有多大。

"后来，我们的玩具是航模。我们有了固定的图纸，我们知道了玩具最终的样子是什么，玩具失去了无限的可能性。我们根据步骤一步一步地完成。我们的创造力开始萎缩，我们只是在拼凑。

"再后来，玩具更进步了，都是些遥控装置。所有的遥控玩具，还有一个好听的名字叫傻瓜玩具。我们只是一个操控者，而不再是一个创造者了。

"而现在，我们的玩具基本都是游戏。每一个游戏都有固定的规则，我们在规则中画地为牢，自得其乐。我们其实是被游戏，被玩具，玩具堕落了，我们也堕落了，我们终于被改造成没有想象力的孩子。"

下课的时候，我对学生说，我喜欢今天的课堂。好的课堂，总有一种味道。

自主命题作文《玩具》，我在博客上发出来之后，先后被广东的《师道》和《扬子晚报》转载，可见学生的自主发言还是得到了大众的认可。

也许是巧合，刊载《教学思维影响学生的思维发展》一文的同期杂志上，还刊出了一篇南京王栋生老师谈作文指导的文章；在此前后，苏州王开东老师发表过类似主题的文章。后两篇内容属于作文审题构思的教学环节，但牵一发而动全身，都可能影响到一堂课或一系列课的教学设计。也就是说，从一堂课中某个环节某个侧面入手有所改进和创新，就形成了研究的"新意"和"亮点"，最后也能生发出教学整体设计的思路和效果。

上述三篇文章也可以组成一个单元的"群文阅读"，以帮助我们更深入地理解促进学生思维发展的内涵和做法。两位王老师的文章都涉及一个目前作文教学的普遍问题，即教师出一道中规中矩的作文题，学生按套路将素材拼凑成文。结果就如王栋生老师所说的："几十年来，我们给学生出了多少像模像样正正经经的作文题啊，同行们对命题反复掂酌，绞尽脑汁，有时连评价时的网也织得密密的。可是，学生的作文进步了吗？他们因此热爱写作了吗？"所谓教学改革、实践创新，就是要真正确立"以学生发展为本"的指导思想，这样才能够在课堂教学中有所思考、有所变革，让学生各方面的素养得到适宜的发展。王栋生老师提出了"想一想"的思路，王开东老师介绍了"口头作文"的实践，还有《项链》一课的反向思维问题设计，分别从不同的角度呈现了一堂促进学生思维发展的好课，同时也都是优秀教师撰写的值得借鉴的好文章。

‣ 三、针对课的缺点的研究 ·

对一堂课的不足之处或存在的问题提出疑问及改进建议，也是一种常见的写作思路。在一定意义上，与"找优点"的写法相比，"找缺点"更容易体现科研写作的问题意识，进而使文章主题聚焦、线索清晰。一些教育期刊上开辟了"问讯处""咬文嚼字""课堂诊断""问题讨论"等栏目，都从不同角度体现了找缺点的研究特点。与专家学者偏重引经据典的学术争鸣不同，中小幼教师的问题研究更多地聚焦于教学实践中遇到的问题和困惑，在寻求应对策略的过程中，体现为一种发现问题、分析问题和解决问题的基本思路。

（一）"课堂诊断"栏目

这是《中学语文教学》杂志的一个特色栏目，所刊文章大多有一个基本模式，即由"问诊案例""诊断意见""专家处方"三大部分组成。其中"问诊案例"是一篇课堂实录；"诊断意见"是对本课优缺点的点评，重点是分析课的不足之处和疑难问题；"专家处方"则是针对问题提出解决的思路和方法。这个栏目的文章篇幅都比较长，有万字左右，多半是约请优秀教师和教科研专家撰稿，不太适合一般初学者投稿。但栏目倡导的写作模式却切合了"提出问题—分析问题—解决问题"的研究思路，论述的线索和层次比较清晰，值得教师学习借鉴。

实例 1.5

学情、知识：教学的两个支点 ①

学情和知识，是课堂教学的两大支点。真实具体的学情的起点是教学要基于学生已知，为他们补充未知；看不到学情，也就看不到教师对学生的指导。缺乏足够知识的课堂，即使顺利，也是无效的。结合《春》的课例，探讨朗读教学、修辞教学、读写结合三个问题，分析具体学情，对朗读知识、修辞知识做出必要补充。

---

① 王漫：《学情、知识：教学的两个支点》，《中学语文教学》，2023 年第 3 期，第 28—32 页。文字有删减。

一、问诊案例:《春》教学实录

（略）

二、诊断意见

上述课例的亮点很多。比如：

第一，以"美"为主线，调动多种感官（听觉、视觉、嗅觉、触觉）全方位感受春天，力图把自然美和文章美结合起来，对学生进行美育和文学教育；

第二，给五幅春景图加上动词，更加传神；

第三，有意识地教授朗读知识，难能可贵；

第四，努力实现从教读（"春花图"）到自读（"春草图"）的过渡，引导学生把教师点拨的赏析方法加以实践。

需要讨论的问题是：本节课的教学点很多，容量很大，是否每一个点都能教到位？是否会蜻蜓点水、浅尝辄止？整节课六个环节，平均每个环节七分钟，每项教学内容的时间够用吗？贪多务得，细大不捐，用于长期的读书可以，用于教学则是大忌，尤其是一节课的教学。因此，我们的修改建议，首先是教学内容要瘦身。

三、专家处方

根据课标精神、教材意图及本文特点，结合初一学生的一般情况，我们讨论以下三个问题。

（一）朗读

学情：学生朗读的问题在哪里？

我们知道，小学语文教学非常重视朗读，学生在小学阶段已经历了六年的朗读训练；到了初中，朗读教学需要发展哪些新知新能？……

许多课文的学习都需要朗读，在其他单元，朗读可能是教学策略，是理解、品味课文的手段；而七年级上册第一、二单元的朗读，不仅是手段，也是学习目标本身！学生在小学就不停练习朗读，但大都是无意识、不系统的。本单元则要在小学基础上进一步训练和提升，让学生意识到朗读是有技巧的，好的朗读是要精心准备和打磨的。为此，教师备课时也要在学习朗读技巧、做好朗读示范方面多下功夫。如果个人不擅朗读，可以准备一些音频视频的示范资源。朗读前的准备，可以一边小声试读，一边写朗读脚本。朗读脚本，就是用一些符号和文字标明朗读时应有的情绪状态和声音处理方式。……

……

这篇课堂诊断文章提出了一个核心观点"学情和知识，是课堂教学的两大支点"，观点具有很强的现实针对性。目前中小学课堂教学的设计和实施，包括一些公开课，面面俱到、贪多务得的现象比较普遍；在有限的时间里什么都想要，教师往往急于赶进度、下结论，留给学生思考和练习的机会就少了。另外，教师对学情掌握不够，教学设计更多是考虑教师的教，对学生的学习基础和学习需要不甚了解。

本文作者给《春》一课的"诊断意见"可以概括为两点：一是教学内容要瘦身；二是教学要强化学生的未知知识。针对症状，"专家处方"写下了"根据课标精神、教材意图及本文特点，结合初一学生的一般情况，我们讨论以下三个问题"。对于第一个"朗读"问题，专家从两个角度对症下药。一个角度是明确教学目标。朗读是语文教学的常用方式，但是在七年级"春"这个单元中，朗读"不仅是手段，也是学习目标本身"，因此教师必须明白这堂课上需要给予学生什么样的朗读知识和能力。另一个角度，是给予朗读教学的方法技巧，通过教材注释的解读和两个例句的分析，提供了解决问题的方法。对于另外两个需要讨论的"修辞教学""读写结合"问题，作者也给予了适当回应，并在文末针对"读写结合"强调，"虚晃一枪的仿写，不要也罢"。整篇"课堂诊断"主题鲜明、重点突出、应对有序，很好地体现了"从实践中的问题出发"的研究和写作思路。

（二）关键教育事件

关键教育事件研究，聚焦于日常教学过程中的问题和困惑，研究的切入口较小，操作比较简便。教师通过对某些疑难现象的剖析和瓶颈问题的突破，达到提高研究能力和认识水平的目的。前些年上海市长宁区教育学院先后开展"重要教育片段""关键教育事件"教研模式研究，在这方面积累了比较成熟的经验。

这样的"回应"合适吗？ ①

事件白描　这是一节六年级英语公开课。学习内容是学会表达喜欢某种活动，即掌握"I like to do something"的语言结构。学生纷纷用这个句型表述自己喜欢的某种活动，如看电影、踢足球、玩电子游戏等，老师都给予了肯定。一切似乎顺理成章。

实践疑难　在课后的讨论中，有人提出，教师的回应肯定了学生正确应用了句型，而不是所表达的内容；而学生是否真的喜欢这些活动，教师并不关心。而语言习得论告诉我们：最重要的是学会用英语表达自己的思想，而不只是造一个结构正确的句子。教师用"Correct（正确）！""Very good（很好）！"来回应，在实际交际场合中是不会有的，客观上把学生引向了对结构正确与否的关注。在这里，师生对话成了"检测语言结构"而不是"语言交流"的过程，课堂教学的交际性原则就此落空了。

相应对策　假设，当学生说"I like to go to the cinema"（我喜欢去电影院）时，教师可以回应"So do I. What kind of film did you like best？"（我也喜欢啊，你最喜欢什么样的电影呢？）或"Really? What film did you see last time？"（真的吗？你上次

---

① 根据刘健《这样的"回应"合适吗？》一文改写，原载于上海市长宁区教育学院编的《关键教育事件个案集（第一辑）》，2009 年 1 月。

看的什么电影？）这样才能体现真正意义上的交流互动。

理念思考　当教师用关注学生表达内容的交流语言来回应时，教师和学生就能处于平等位置来交流，而不是以评判者的身份来出现。这正符合语言习得论的"情感过滤"假设，也符合新课改以学生发展为本的精神。

这堂课的课后讨论很好地体现了研究者对"关键教育事件"的理解，就是要在大家习以为常的情境中指出问题所在。文章第一部分简要描述了课堂教学的过程，突出了"一切似乎顺理成章"的心理感受。第二部分是文章的重点和关键，课后讨论中有人提出了"实践疑难"，围绕英语教学的结构法和交际法的讨论，给流于形式的教研活动注入了活力，从就事论事上升到教学理念的探讨，有效激发了教师们的思考。第三、第四部分则在新的教学理念引导下，由开始时的"顺理成章"转变为达成新的共识。一个事件或一个细节是否关键，是否有意义，在于研究者对于事件内涵的解释，所以关键事件带有一定的主观性。通过对事件的释义，研究者揭示了其中蕴含的意义价值，可以给人更多的启示和联想，从而提高发现问题、分析问题、解决问题的能力。对事件内涵的解读不仅是来自直觉，更大程度上有赖于研究者自身的思想水平和理论素养。

与找优点的研究模式相比，关键教育事件模式聚焦于问题和困惑，强调与众不同的意见和发现。研究者通过对某些瓶颈问题的突破，达到举一反三、提高教师认识水平的目的。在写作方法上，研究者提炼出一个由四部分构成的案例写作框架，从情境描述到问题探讨，重点突出，层次清晰，这使得初学者很容易模仿。长宁区课题组的老师们当时撰写、积累了一大批关键事件研究文章，成为推进学校教研和教师写作的有效工具。

‣ 四、从一堂课看一类课 ·

写好一堂课的价值不仅在于介绍这堂课本身，更在于能够以这堂课为例子，提炼出可迁移到其他同类课的做法和经验，也就是以点带面、以小见大。在这里，确定"面"和"大"的范围是研究成败的关键。因此，研究者在思想上需要确立"类"的观念。所谓类，就是抽取不同事物的共同特征，把相似的事物归于同一类别。依据抽取对象的范围和程度，类别又可形成不同的层级关系。例如学了《春》一课，可以了解"写景"的特点，学了《背影》一课，可以了解"写人"的特点，在此基础上就可以掌握"散文写作"的特点；如果又学习了四大名著、鲁迅杂文以及更多的题材、体裁，还可以进一步概括和理解"文学作品"的特点。如果只用一个《春》的例子来论证什么是文学，就容易导致以偏概全。

（一）确定一类课的范围

从研究现状看，一般教师的研究文章往往聚焦不够，研究的主题和范围偏大而所依据的素材不足，这样研究目标就超出了一堂课所能承载和提供的内涵，其可供借鉴和迁移的价值就会大打折扣。比较常见的有《指向核心素养的××学科教学策略研究——以〈××〉一课为例》这类主题，就属于较有代表性的研究范围偏大的例子。以小学数学为例，依据《义务教育数学课程标准（2022年版）》，小学阶段"核心素养"主要表现为：数感、量感、符号意识、运算能力、几何直观、空间观念、推理意识、数据意识、模型意识、应用意识、创新意识。按常理，要达到某个特定的教学目的，需要选择运用最合适的方法策略。一堂课所用的某种教学策略，不太可能"举一反十"，同时"指向"11个核心素养。如把研究主题缩小为"基于量感培养的小学数学教学设计策略研究——以《长方形和正方形》教学为例"，这个主题大小就比较合适，标题也更醒目。

另外，教学策略本身是一种方法体系，其内涵也丰富多样，包含了各种不同类型和层次的教学方法。从教学过程的角度看，就可以有问题设计的策略、组织教学的策略、师生互动的策略、作业设计的策略等；一堂课的例子，也难以承载和推论丰富多彩的各科教学策略，如果标题中没有反映特定的方法策略，在正文中也需要给予界定和说明。此外，诸如"基于'双减'背景的……""基于'双新'背景的……""能力培养导向的……"等比较宽泛的研究主题，多半也不适合用一堂课为例来推论某种教法的广泛运用。因此，确定一个合适的一类课的研究范围和主题，是写好以一堂课为基础的研究文章的前提。

《教学月刊·中学版》(教学参考) 篇目举隅 ①

《大概念引领下的高中数学单元教学设计——以"数列求和"为例》

《基于项目化学习的高中历史教学策略探究——以〈中国历代变法和改革〉为例》

《初中语文学科项目化学习的实践探索——以新闻"活动·探究"单元为例》

《"体验学习圈"学导策略探究——以〈表示物质的符号——化学式〉教学为例》

《在洞察意象中抵达深度阅读——以刘禹锡诗文整合教学为例》

《凸显物质与能量观的生物学概念教学设计——以"细胞的生活"为例》

《纲举目张明理念 标本兼顾出好课——"直线的倾斜角与斜率"教学设计及思考》

《比较思维在高中文言文教学中的应用——以〈烛之武退秦师〉为例》

《基于 STEM 教育理念的初中科学实验教学探究——以"自制简易密度计"为例》

---

① 选自《教学月刊·中学版》(教学参考) 2023 年第 6 期。

这期《教学月刊》共刊出了 17 篇文章，其中 9 篇是"以一堂课（一篇课文、一个单元）为例"作副标题，说明这类文章做法受到作者、编者和读者的重视及接纳。从这些文章的主标题看，每个主题大致包含目的和方法两个要素。"大概念""体验学习""深度学习""物质与能量观""比较思维"是研究者所要达成的内容目标，"单元设计""学导策略""洞察意象""概念教学""实验教学"是要达到目的所采用的方法策略。这样的主标题较好地提炼了研究的目的和方法，副标题"以《××》一课为例"则说明了研究的对象和载体，总体上这些文章的研究主题比较明确，研究范围大小合适，有较明确的研究指向和较强的可操作性。

上述目录中还有涉及"项目化学习""STEM 教育"的几篇，这两个概念既代表了一种教育理念，又包含了操作的方法，内容有点特殊。这类教改新理念、新方法的实践探究还处于起步阶段，因此研究的主题不宜过于专深，以向读者介绍这类教改实践的一般流程为主。以后随着时间的推移和研究的深入，可能这样的研究主题就变得比较宽泛而不能满足读者和编者的需求，就会需要有更多切口小、开掘深的主题研究，如"项目化学习中真实情境的理解与构建""项目化学习的驱动性问题的本质与设计""STEM 学习的分工合作及评价问题研究"等。

总之，一堂课的研究主题和范围，应该由同类课的性质来确定，研究者要有"类"的意识，把一堂课的经验迁移推广至一类课。"类"的性质包括教学目标和教学方法两个要素，可以是针对一种素养提升、一种知识学习、一种能力培养、一种方法训练、一种课型、一种学习场所、一种学习资源等。"类"的范围大小很难精确定义，大致是以有效迁移为原则，有举一反三的实践和体验。一般说来，文章主题涉及的类别范围过大或过小，都不利于成果的借鉴和迁移。主题范围过大、抽象层次过高，超出了一堂课所能承载的内涵，会让人感到文不对题、虚张声势。过小过低，则会陷入就事论事，削弱研究的启发性和普适性。

（二）从一堂课到若干课

"以一堂课为例"的这类文体近年来比较流行，确实有其优点，特别是对初学写作者来说，提供了一个易于模仿操作的构思模式和看得见的努力方向。从一堂好课到一篇好文，一堂课的素材是基础。这堂课是否值得写，能否写得好，要看课本身的内涵；既要有明显的亮点，值得推介和讨论，又要有丰富的内容，可供发掘引申。现在有些作者觉得自己对教学改革也有一些想法和实践，不过要拿出一堂课来也没多少好写的内容，那么到底是发掘一堂课的内容好，还是把若干节课的素材合起来写某方面的教改经验呢？这也不能一概而论，需要具体情况具体分析。

经验改造视角下的数学概念教学 [①]

杜威提出:"教育者要通过指导的方式帮助学生进行经验的改组与改造",并认为"使动作集中和有顺序是指导的两个方面"。因此,教学在开始之初,应确定好教学的起点和终点,明确教学活动的顺序和方向,在此基础上,通过各种方式在起点与终点间建立连接。那么经验改造视角下的概念教学,首先要识别经验,确定好教学的起点和终点。包括梳理学生积累了哪些经验,分析经验的类型,判明经验与概念的联结点。其次是唤醒经验,通过合适的材料、合理的方式引出学生已有经验,回忆、还原,为经验改造做好准备。第三是改造经验,根据需要改造经验的不同类型,明确改造的顺序和策略,使经验与概念建立联系,从而建立新概念。

(一) 识别经验,让生长有方向

(略)

(二) 唤醒经验,让生长有动力

1. 聚焦原型,再现情境。《分数的初步认识》一课,通过诊断判明"半个饼"是学生学习分数概念的原型。教学时,先呈现分饼情境:"这里有几个饼?""半个饼是怎么得到的?"自然唤起学生对分半个饼生活经验的回忆。

---

① 章颖、章肖:《小学数学概念教学的意蕴指向与实践路径——基于经验改造的视角》,《上海教育科研》,2023 年第 2 期,第 62—66 页。实例标题为本书著者所加。

2. 问题导引，引发思考。如《"比"的认识》一课，通过课前诊断发现学生或多或少积累了"比赛中的比分"和"生活中的配比"这些经验。教学时，先出示"2:3"，提问："2:3"看到过吗？你在哪里看到过"2:3"？足球比赛中"2:3"是什么意思？在连续追问中激活学生生活中关于"差比"和"倍比"这些混沌的经验，引发学生思考。

3. 任务驱动，激活经验。如《吨的认识》课始，呈现任务一：回忆一下哪些东西大约重 1 千克。任务二：估计一下生活中哪些东西大约重 1 吨。先自己写一写，再组内交流。在任务驱动下激活学生关于千克和吨的原有经验，为建立吨与千克之间的关联做准备。

（三）改造经验，让生长有路径

根据需要改造的经验的不同类型，明确改造的顺序和策略，使原有经验与所学概念建立内在联系，完成从原有经验到反省经验的飞跃，最终再回到原有经验中进行验证，实现经验的理性化、抽象化，从而建立新概念。

1. 基于经验中的"不足"：补充与比较。

有的概念，由于学生生活背景不同，原有经验较为零碎、不全面，但有利于学生概念的学习，因此需要对原有经验进行补充。如《分数的初步认识》中，学生对"半个"的生活经验参差不齐。于是，围绕"半个饼是怎么得到的"这一问题，通过多维讨论、演示操作，补充学生对半个饼（二分之一）的经验。

2. 基于经验中的"混沌"：冲突与思辨。

在思考与辨析中，澄清本质属性，使新概念与已有经验建立内在关联。如"比"这个数学概念，"比赛中的比分"和"生活中的配比"这些经验在学生头脑中是混沌的。教学时，将"煮饭的米和水按照相同的倍数一起变"的经验与比的本质属性建立内在关联。

3. 基于经验中的"错误"：揭示与重构。

有的概念，学生原有经验是主观的、凭感觉的，存在许多错误的认识。这就需要教师将学生的错误经验改造成正确的概念。面对这种情况，教师要揭示学生的错误经验，让孩子经历"尝试—差错—修正"的过程，去伪存真，重构概念。如《吨的认识》，借助 1 千克的经验进行推算，利用 5000 个苹果、4000 盒牛奶等这样的素材，让学生通过想象进行间接体验，感悟 1 吨的量感。

在上面的例子中，研究主题是"经验改造"的理念和方法，研究对象和载体是"小学数学概念教学"这一类课，总体上看，研究范围大小比较合适，既有一个明确理念的引领，又有一系列实践的例证。作者在实践研究的基础上能够理论与实践结合，提炼出"识别经验—唤醒经验—改造经验"的教学策略，对教学活动的设计有较强的现实指导意义。在实例分析方面，文章的"（二）唤醒经验，让生长有动力"和"（三）改造经验，让生长有路径"两部分各举了三个例子来说明观点。

在本文审阅和修改过程中，审稿专家指出，既然作者提出概念教学的路径，体现在一节课中就应该具有阶段连贯性；

现在文章阐述"识别经验—唤醒经验—改造经验"三个环节，其中小步骤的举例比较分散，建议用一个概念教学的课堂实例，贯穿到对每个环节、步骤的分析里，更有利于读者理解借鉴。专家的建议实际上是主张按照"以一堂课为例"的思路进行修改，这样可收到主题突出、层次清楚的效果。

后来文章发表时仍然保留了"以若干课为例"的写法，其原因主要出于两方面考虑。一方面是在"（二）唤醒经验，让生长有动力"这部分中，三个小步骤的连续性不明显，特别是"2. 问题导引，引发思考"与"3. 任务驱动，激活经验"两个步骤都有一定的独立性，二者之间的递进关系并不强，它们都可以承接"1. 聚焦原型，再现情境"设计不同的经验改造路径，因此很难用一堂课的例子来说明。如果要以一堂课为例，就要对路径实施的内容进行调整修改，一时难以做到。另一方面，文章中"（三）改造经验，让生长有路径"这部分包含的三个分论点，是对上述教学路径实施的分析思考，三者是并列关系而不是递进关系，不涉及操作步骤和流程，因此也不能或没必要用一个课例来证明论点。

"以一堂课为例"还是"以若干课为例"构思教师的研究和写作，其实并没有一定之规。一堂课的切入口小，涉及的材料收集和分析思考的面相对比较小，因此有助于教师克服畏难情绪，步入实践研究的大门。当入门之后，如果感到一堂课的素材不够丰富精彩而无从发掘，那也不妨换一条思路，可以从若干节"同类课"中寻找出一个带有共性的主题开展研究。

总体上说，无论是以一堂课还是若干课为研究对象，目的都是从个别的少数的课例中提炼出在更多的同类课堂中可以借鉴学习的做法。从材料中抽象出观点，再概括成几条基本经验，加上典型事例的说明，由此举一反三，这就是经验总结的研究和写作方法。从思维方式角度看，这是一种归纳思维，就是从具体到抽象、从个别到一般、从特殊的典型事例到普遍的一般规律的研究思路。但是实例1.8稍有不同，这篇文章借鉴吸收了杜威《民主主义与教育》中有关"经验改造"的观点，再结合自身的教改实践构建了"识别经验""唤醒经验""改造经验"的研究框架，因此在思维方式和研究方法上有所变化，实际上形成了演绎与归纳相结合、思辨研究与经验总结相结合的研究思路，呈现出更多的学术性和理论性。那么是否以若干课为基础的经验研究都要上升到理论呢？从大量的已发表的以一节或几节课为基础的教学研究文章看，多半还是属于一般的经验总结，还没有上升到理论层面，能够有条理有根据地介绍一些行之有效的做法和经验，本身就有价值。但如果实践研究比较系统深入，提炼的经验能够形成所谓的教师实践理论，则有更大的启发性和普适性，有条件时当然也可以作为一个研究和努力的方向。关于理论与实践的关系问题，我们在第二讲中再专门讨论。

第 二 讲

理论与实践：
认识有用的方法论

●　▶　　　理论与实践的关系问题，是教师科研写作领域中一个常讲常新、争议不断的问题。常有教师困惑甚而不满地问道："教师写文章一定要有理论吗？"简单的回答是："不一定。"如果浏览一般教学类期刊发表的教师文章，我们就可以发现它们多半看似"没有理论"。这些文章可能既没有借用某种特定的理论来指导自己的实践，也没有把自己的感悟体会拔高为深奥的理论；梳理、介绍一些行之有效的做法和经验，可供他人参考借鉴，本身就有价值。那么问题又来了，领导、专家和编辑们"为什么总是强调理论学习呢？"这个问题比较复杂，简单地说，"有实践"的文章可以让人感觉这些做法可能有用，而"有理论"的文章则可以让人相信这些做法确实有用。

　　所谓理论，就是有目的、有条理、系统地反映了某种立场、观点和方法，即知识的系统化。"没理论"的文章可以说明自己做了什么，而"有理论"的还可以让人理解"为什么"要这样做。写科研文章的基本目的，除了描述教师的实践经历，更重要的是解释和说明这些实践背后的依据和道理。写作时以一定的理论学说为指导，或援引一些理论观点，可以使文章思路清晰、前后一贯、论证有力，有助于增强文章的说服力和可信度。

这里有必要说明的是，有理论的文章不一定要用许多"让人看不懂"的名词术语。许多文章既不引经据典，也不故作高深，而是能用平实的语言表达自己独特的思考，那确实是好文章。这些文章看似没有理论，却有很强的内在逻辑性，或者说有理论蕴含其中。这种情况一般是文章作者先掌握和内化了理论，再外化为便于读者理解的表述形式。所谓大家写小文章，深入浅出，如陶行知、叶圣陶等教育家以及许多优秀的教师作者就属于这一类。过去学文史哲的学生大多看过两本书，一本是朱自清的《经典常谈》，一本是朱光潜的《谈美书简》。两本书都是几万字的小册子，多少年来一直是学界推崇的学术入门书。但是，这类看似平实而内涵深厚的文章并不好写。就一般教师来说，自己还没有形成比较系统的想法，接触了一点学术理论但又没有完全内化，由于理论根底还不扎实，因此在表达自己思想或对原著进行理解时，还不能自如地转化为自己的语言，因而有时不得不借助学术性的语言来表达。这种情况也情有可原，所以我们也不必对运用名词术语的文章持一概排斥的态度。

有一定的理论思考，可以帮助作者搭建文章框架、筛选裁剪素材、阐明实践思路、提升选题立意。以第一讲中实例1.8为例，如果作者不用杜威的"经验改造"作为立论的基础，直接介绍小学数学概念教学的几个做法也不是不可以；但是缺少理论思考的经验文章往往比较松散，偏于语言铺陈而同义反复，而要用自己的语言表述一套"有目的、有条理、有系统"的做法和依据，本身也有很大的难度。因此，适当借用有关理论观念来构思写作，也是提升教师科研写作能力和文章质量的一条有效路径。只是要注意，防止生搬硬套、弄巧成拙。

‣ 一、理论的三个层次 •

要学习应用理论，发挥理论对实践的指导作用，关键是弄懂所用的理论。教育科研领域不乏一些理论包装、哗众取宠的事例，除了缺少求真求实的科学态度之外，研究者理论基础薄弱也是重要的原因。在许多情况下，一些教师作者选择应用理论的角度或类型不对，简单套用之下，很容易形成"理论与实践两张皮"的现象。

不少教师喜欢从理论书刊中寻找写作选题或立论依据，一方面是因为许多先进的理念和精彩的论点能够引起自己的共鸣，激发写作的灵感；另一方面也是由于理论书刊为自己的论文写作提供了丰富的学术语汇和理论论据，使论文容易成形并显得比较"有分量"。要写好这类选题，选择合适的理论概念和应用角度很重要，从学术理论和研究方法的性质内容来看，我们可以把理论分为三个层面，以了解和确定适用的理论。

（一）哲学层面的理论

哲学是关于世界观的学问，反映了人们看待事物的根本观点。各种各样的教育问题最终都可以用一定的哲学理念去解释和说明。教育教学的基本观念和原理，一般都属于哲学层面的理论。如人的全面发展的理论、交往理性理论、人文精神、和谐理念、建构主义、后现代主义、关怀伦理学等，都是在哲学层面上从不同角度阐发了对人、社会、教育等问题的观点和看法。

哲学层面的理论比较抽象、概括，哲学思考不是就事论事，而是追根寻源，是对所考察的问题有一个总体的看法和根本的立场。因此，哲学理论就具有较广的适应面和较强的解释力。然而，哲学的抽象性也对研究者的思辨能力和理论水平提出了较高的要求。一方面，由于高度的抽象概括，纯理论的探讨容易成为从概念到概念的玄想之学；另一方面，抽象的理论联系实际也有一定难度，容易流于生搬硬套、泛泛而谈。如前几年党和政府提倡建设和谐社会，不少作者就试图用和谐理念来阐述教改实践，诸如"创建和谐的学校文化""倡导和谐的师生关系""和谐理论走进物理课堂"等。这些文章数量不少，但质量高的不多。一般来说，哲学层面的理论可以提升人的思想水平，指导具体方法的选择应用，但不一定适用于直接阐述和解决具体的教育教学问题。

（二）方法论层面的理论

哲学反映了人对世界和事物的根本看法，方法论则是对待事物、处理问题的一般方法。哲学主要解决认识世界"是什么"的问题，方法论主要解决认识以后"怎么办"的问题。

从不同的哲学理念出发，古今中外的教育学者提出了种种教育教学理论。这些理论一般可以看作教育学的方法论，也就是按照一定的教育哲学来认识和解决教育教学问题的有关方法的理论。比如，皮亚杰的儿童认知发展阶段理论、维果茨基的"最近发展区"理论、陶行知的"教学做合一"理论、布鲁姆的掌握学习理论、建构主义的支架式和抛锚式教学模式、舒尔曼的教师知识类型理论以及各种教学模式理论、有效教学理论、综合课程理论，以及近年来影响较大的核心素养、大概念教学、大单元设计、项目化学习等，这些理论都体现一定的哲学理念对解决某种教育问题的看法和做法。就解决"两张皮"问题来看，相比抽象概括的哲学理论，方法论层面的理论更具有针对性和适用性。

对教师的科研和写作来说，重要的是发现方法论理论与教改实践问题的内在联系，充分发挥理论对实践的解释和指导作用。像发展性评价的理论，可以用来阐发对课堂教学和学生学业的评价问题，如多表扬少批评、重结果也重过程、学习档案袋、学生成长记录册和学生素养综合评价等方面的实践问题；还可以用来分析一些教育体制和机制方面的问题，如三好学生评选的利弊问题、班队干部轮换制度、教师听评课制度的改革、学校督导评估制度改革等。一个适当的方法论视角，可以为解释和解决具体问题提供一个好的观察角度、分析框架和立论依据。

对同一个现象和问题，还可以从不同的理论角度去思考和研究。比如"一堂好课的标准"，不仅要考虑各种指标（如教学目标、教学设计、师生互动、教学效果）的合理性和可行性，更要从特定的理论视角来说明这种"合理"和"可行"的依据。同样是"教学效果"，提高学习成绩是"有效"，提升核心素养也是"有效"，二者怎样统一？这就需要从理论上予以说明和探讨，要联系实际做出理论解释。从方法论视角观察实践，不仅使问题的解决有更清晰的思考、更充分的依据，还可以使一些老问题找到新思路。

（三）应用方法层面的理论

相对于方法论，应用方法更接近实际情境，具有工具性和操作性的特点。应用层面的方法是解决问题的具体方法，在教育科研领域，主要有两类：一类是各种通用性的研究方法，如文献法、调查法、问卷设计、数据分析、编码技术、心理测量等；另一类是体现各学科自身特点的学习方法，如语文学科的阅读方法、数学学科的计算方法、理化生的实验方法等。

有关应用方法或具体方法的探讨，也可以分为两类：一类是对方法本身的性质特征的讨论，如叙事研究与案例研究有什么区别、什么是扎根理论、什么是学习方法、什么是语感和语感教学、什么是数学思想方法等，这类问题还带有一定的方法论性质；另一类是方法应用问题的探讨，如怎样做好深度访谈、怎样进行课堂观察、怎样确定教学目标的分类、怎样做多媒体课件、怎样做好听课笔记、怎样制定实验规则等，这类问题的探讨可以更多地与经验总结相结合。

应用性的方法或理论看起来不如哲学理论深奥难懂，但在实际操作中却往往遇到许多复杂情境和具体问题，值得深入思考和研究。比如我们常听到一些教师强调学习方法的重要性，或责怪学生学习不动脑子、不讲方法，但却很少见到怎样让学生掌握学习方法的经验介绍。结果"学习方法"就变成了一个很玄妙的概念，教学效果好坏都可以往上套。然而，不同的学生，在不同的年龄阶段，学习不同的学科，究竟要掌握什么样的学习方法？掌握这些方法有什么要求和标准？教师自己是否清楚了？如果清楚了，能否把具体的做法提炼和描述出来？这些问题都是很好的研究和写作的选题。

总体而言，上述三类理论在选题角度上各有千秋，研究者可以各取所需。其中，哲学理论处于最上位，适用范围最广，但与实践的距离也最远；在多数情况下，它是通过方法论和具体方法的应用来体现其价值取向和指导作用的。而应用方法的理论与教改实践的联系最为直接，对具体问题的研究最有针对性；但反过来说，应用的局限性也最大。因此，从科研写作的选题角度看，方法论层面的理论应用的概率最大，它既有一定的理论高度，又有适当的实践基础，是理论联系实际比较常见的视角。

▸ 二、关于教学的方法论 ◂

哲学理论可以让人明确行动的目标和方向，方法论及具体方法则给出了行动的路径和步骤。对于学校教师的理论学习来说，教学方法论是一个最常见最重要的内容领域。许多教师喜欢学习那些"接地气的""拿来就能用"的方法，但是如果不了解这些具体方法所蕴含的理论内涵而盲目搬用，则往往事倍功半。比如今天学了一种目标教学的导入方法，明天又学了一种情境设计的提问方法，但学习者（执教者）并没有认识到这两种方法代表着两种不同的教学理念，两种教学方法和路径实际指向了不同的教学目标和方向。因此在这样的课堂里，如果孤立地看某些教学场景和片段，可能都有不错的教学效果和现场反应，但是从长远和整体上看，成效可能并不理想。由于执教者的教学思路不够清晰、教学手段不能形成合力，容易造成各种方法应用的杂糅和冲突，往往劳而无功或后劲不足。

（一）教学理论的升维视野

掌握教学方法论的好处，不仅是了解各种教学方法的理论背景，更重要的是在理论学习的基础上，明了这些方法的适用性和局限性，学会因地制宜、以学定教。有关教学方法的理论成果很多，美国著名教育学者乔伊斯和韦尔的教学模式理论是教学方法的集大成者，提供了一个观察分析具体教学方法的宏观和升维的视野，很有启发性。在中文语境中，"模式"给人以刻板、僵化的印象，因此研究者常以"策略""范式"等名词来替代。按乔伊斯和韦尔的定义，所谓教学模式，"是构成课程、选择教材、指导在教室和其他环境中教学活动的一种计划或范型"。他们在《教学模式》一书中，把上百种中小学教学模式归纳提炼为四大类共 23 种，即信息加工模式、社会教学模式、个性教学模式和行为教学模式。其中与目前影响最大的建构主义关系最为密切的，就是信息加工模式（或称认知模式），其中包括了概念获得、归纳思维、科学探究、先行组织者、认知发展等常用教学模式。

从教育哲学和心理学原理角度对教学方法进行分类，其意义在于不再把教学模式仅仅看作教学技巧和教学形式的变化，而是能够从目的与方法、内容与形式的关系层面上，理解、选择和应用最合适的教学方法，同时还能预期可能得到的教学成果。例如布鲁纳提出的"概念获得模式"和奥苏贝尔倡导的"先行组织者模式"，如果从教学方法的角度看，它们获取知识的方式是完全不同的，前者是"指导—发现"模式，后者可以归入"传递—接受"模式。然而，从教育目的的角度看，这两种模式都是致力于学生的认知发展的信息加工模式。奥苏贝尔提出了"有意义的接受学习"的理念，他强调接受学习未必都是机械学习、被动学习，它可以而且也应该是有意义的学习；同样，发现学习未必都是主动的有意义的学习，弄得不好也可能是机械学习。

联系当前的教改实践和教师的科研写作，教学模式的分类理论能够给我们很多启发。比如讲授法仍是目前课堂教学的主要方法，但往往给人以保守落后的印象，少有专门研究。曾有一些研究者整理介绍教育史上一些知名或不知名的教师的教学方式，描述当年教师在课堂上"神聊"和学生们"神往"的生动情形，称之为"好课"。这些现象可以从不同角度反映"有意义的接受学习"的存在意义，促使人们思考怎样处理好讲授法与讨论法、发现学习与接受学习、教改热点与教学实际的关系，从而提炼出有价值的科研写作的选题。

在乔伊斯和韦尔的教学模式理论中，影响很大的布鲁姆的"掌握学习模式"，被归类于"行为模式"。相比建构主义的盛行，行为主义心理学及相关理论似乎名声不佳，这些年来处于一种边缘化的地位。但是从上述教学模式分类出发，我们会发现国内许多知名的教改实践成果，包括掌握学习、目标教学、"堂堂清、日日清、周周清"以及"某某经验""某某教育"等影响很大的教学改革项目，背后都有行为主义心理学的依据和支持。如果为了赶潮流也给这类成果贴上建构主义的标签，难免又人为造成一种新的"两张皮"现象。更何况错误的理论解读，只会掩盖研究的真实价值、搞乱人们的思想。此外，研究性学习、探究性学习、问题化教学等教学方法在当前代表了先进的教育理念，研究者和研究成果众多，但对其中的形式主义和缺少实效的现象却少有关注。所以教学方法不能简单地分为"好"或"坏"，"当我们描述各种模式和讨论它们的作用的时候，我们会发现选择恰当的模式是一项复杂的工作，依据我们的不同目的，'好'的教学形式是多种多样的"①。

不同哲学和心理学理念转化为不同的教育目的，体现为不同的教学模式。教育教学的目的任务可以概括为三个方面：（1）学生的个性发展；（2）社会性发展；（3）学科知识技能的掌握。这三个任务对应于学生、教师、教材三个变量，我们在选择应用教学方法时需要从上述三个角度来考虑应用的条件和

---

① 布鲁斯·乔伊斯、玛莎·韦尔：《教学模式》（第二版），普伦蒂斯霍尔出版社，1980年版，第1页。

用处。一般来说，一种教学模式如果是针对思维、情感等较高层次教学目标的，比如我们现在比较强调的高阶思维、深度学习等，往往需要学生有较强的直接兴趣和较多的相互交流，因而常常采用小组活动的教学方式。对教师来说，在处理好组织引导与平等参与的关系上提出了较高的要求。如果是针对某些知识、技能等较低层次目标的教学模式，往往比较注重师生的双边交往，教师比较容易控制。反之，我们也可以从观察具体方法的应用，来反推教师所追求的教学理念和教学目的。学生、教师和教材三个教学变量与不同理论背景下的教学模式的关系，可以用图 2.1[①] 表示：

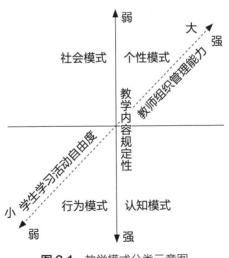

图 2.1 教学模式分类示意图

---

① 张肇丰：《教学模式的概念、类型及其应用的条件》，《教育研究》，1991 年第 1 期，第 61 页。

图 2.1 中坐标的纵轴体现了教材内容规定性由强到弱的过程，这个过程实际上显示了教学过程由"教材中心"向"学生中心"的转化，基本上反映了四种模式对教学内容性质及教学目标设计的不同要求。图中的斜线反映了另一组变量，揭示了教学的组织形式由"严谨"到"松散"的变化过程。在这个过程中，学生学习活动的自由度与教师的组织管理能力是成正比的，也就是说，强调学生学习的自由度并不意味着教师对教学活动失去了控制，而是说明教师需要以一种顾问或辅导员的身份不露痕迹地介入教学过程。从教师的角度看，个性模式将比行为模式更为困难，而社会模式和认知模式则难度居中。因此，什么是"好"的教学模式或"有效"的教学，首先取决于特定理论背景下的教育目的，即你想要什么；其次是取决于为实现目的而提供的条件和能力，即你能做什么。教学的结果最终是理论与实践之间的平衡点。

实例 2.1

水的"蒸发"的两种教法比较 [①]

我曾赴法国进行教育考察，这次经历完全颠覆了我对教学的理解。例如，当地教师采用了与我们完全不同的教学方式来教授学生"蒸发"的知识。教师向学生提问：水会自己消失吗？有学生说会，有学生说不会。教师问："怎么证明？"学生

---

① 张人利：《教育规律浅识》，《现代教学》，2023 年第 23 期，第 12 页。实例标题为本书著者所加。

提出了各种方法，如在容器上标记水的高度，几天后观察水位的变化。之后，大部分学生认为水是会自然跑掉的，但也有学生认为容器内的水是被养在教室里的白老鼠偷喝了。为了验证这个猜想，学生们想出了在容器周围放沙来查看是否有白老鼠脚印，从而得出是否偷喝的结论。几天过去，学生们没有发现脚印，但水仍在减少。全体学生都信服了，水是自然而然减少了。

教师又问：水的减少快慢与什么因素有关？学生有各种猜想，最多的猜想是与气温有关。教师进一步追问："怎么证明？"为了验证这个猜想，学生们又采取了实验的方法，将容器换成较细的量筒，记录每天的气温以及水位变化。经过多天观察，得出结论：温度越高，水就减少得越快。

这种教学方式与我们完全不同，我们的教师会明确地告诉学生，从液态自然变成气态的物理现象称为蒸发。蒸发快慢与温度、空气流通和接触面积三个因素有关。为了帮助学生理解记忆，教师举了一个例子：晾衣服，一般放在太阳之下，温度高，干得快。没有太阳时，放在通风的地方也可以。晾衣服时需要把衣服打开，增加与外界接触的面积。

以上两种教学方式没有绝对的优与劣，而是价值取向不同：前一种教学方式将知识的掌握作为载体，着重培养学生的实践能力、探究能力和创新能力等；后一种教学方式则更关注学生知识的掌握，以及掌握知识所花的时间。如果不讲教育的目标和成功的价值取向，那么所谓成功的教育就失去了它的意义。

这是上海市静安区教育学院附属学校张人利校长的一篇教育论文，其中一段谈及在法国考察的经历及思考。这则对于水的蒸发问题的两种教法的比较，很好地说明了教学方法与教育目的的关系。我们研究教学方法，不是简单地判断好与坏、优与劣，关键是看学校和教师追求的目标是什么。当然在当前教改背景下，我们需要更多地关注学生的创新精神和实践能力的培养；与此同时，我们也要考虑教育教学目标的全面性、系统性，比如关注学生发展的核心素养目标体系；还要考虑实施教学的条件和成本，比如课程、教材、课时、班级人数的容量等。因此在一定意义上，我们做研究就是寻找需要与可能之间的平衡点和最优解。

（二）建构主义的误读与纠偏

建构主义是这些年来国内教育改革和研究的重要基础理论之一，对于一线教师来说，也有必要了解和学习。其积极意义，可能更多的是体现在观念层面上，而不是操作层面上。建构主义理论最大的影响是使大家认同和接受了一些重要的教学理念。例如：（1）学习是自主性的，是学习者主动建构、生成知识的过程。知识的形成并不是简单的外部信息的输入和存储，而是学习者新旧经验交互作用的结果。（2）学习是情境性的，要十分重视学习环境的设计，包括创设与教学主题相适应的教学环境、应用各种媒体手段呈现学习内容、提供更多的教学信息资源和组织各种形式的探索和交流等。（3）学习是交互性的，要关注交往、对话、协商、合作、共同体等重要概念，强调了人际交往对于学习的重要意义和作用。一些教学方法的变革与流行，如小组学习、合作学习、问题教学、对话式教学、协商式学习、项目化学习、综合主题学习、大单元教学、工作坊等，便反映了上述理念的影响。

学习、理解和运用教学理论，也是一个做中学的过程。要在学习的基础上应用，在应用的过程中学习，通过理论与实践的互动，加深理解、指导实践、内化理论，最终从实践总结上升为教师自己的理论。这些年来，建构主义的教学理念和实践，主要反映在"新课改"的理论设计、课程标准、教材编写等"顶层设计"方面，而在具体实施上，则由于主客观原因和条件限制，情况不一。

从避免理论与实践脱节的角度说，一种"望文生义""不求甚解"的倾向值得注意。比如支架式教学是建构主义的一种主要教学模式，近年来颇受一些作者青睐，有关支架式教学的经验文章的发表日渐增多。但是仔细阅读这些文章后会发现，许多作者对什么是支架式教学及其蕴含的建构主义理念并不了解。他们多半只是套用了"支架"这个名称，用来说明教师给学生提供的各种帮助和支持，比如有的文章中列举了一堂课所使用的"目标支架""提问支架""资源支架""评价支架"等六七种支架。按这些作者的理解，似乎所有引导学生学习的教学手段和方法都可以被认为是"支架"，那么"支架式教学"的特点和意义又在哪里呢？更成问题的是，这些教师一般都把"支架"简单理解为生活中的"搭梯子""搭脚手架"，是用来帮助学生克服困难、顺利解决问题的，引申的结果往往是望文生义、张冠李戴。

如果认真学习过建构主义和支架式教学模式的有关论述，我们应该知道，支架式教学的理论基础就是大家比较熟悉的维果茨基的"最近发展区"理论，这也是建构主义的基础理论之一。维果茨基认为，儿童有两种发展水平：一是儿童的现有水平，二是可能达到的发展水平。这两种水平之间的差异，就是"最近发展区"。维果茨基强调，教学的最佳效果产生于"最近发展区"。教学不能只适应发展的现有水平，还要适应"最近发展区"，从而"走在发展的前面"，最终跨越"最近发展区"而达到新的发展水平。联系中国的教学现状，当前主要问题是对深度学习、高阶思维关注不够，而浅层的低阶思维的学习偏多，因此，我们的教学设计要有一定的难度阶梯，要"跳一跳把果子摘下来"。由此可以理解，所谓支架式教学，并不是像一些教师所理解的一味降低学习难度或在教师的帮助下克服困难，而是要使教学位于学生的"最近发展区"；教学设计并不是支架越多越好、台阶越低越好。研究者要明白，"搭支架"的目的和结果是要"撤支架"，要关注学习环节之间的跨度，充分发掘学生的智力潜能，以达到跨越原有发展水平的新阶段。

实例 2.2

教学中的脚手架 ①

在美国密苏里州的一所学校，一个以"营养"为主题的

---

① 徐佳嘉、刘徽:《如何上好一堂基于社会性科学议题的科学课？——SSI 教学中的脚手架》,《上海教育》, 2023 年第 29 期, 第 31—32 页。实例标题为本书著者所加。

社会性科学议题（SSI）单元学习中，高中生们正在围绕"美国政府是否应该考虑征收'脂肪税'来鼓励公民做出更佳的营养选择"这一议题进行讨论。为指导学生探索如何将单元中的科学知识与其对社会各方面的影响建立联系，教师以时间轴为线索组织学生进行议题探究。第一天，学生以小组的形式收集目标人群的营养选择在历史上的变化的信息，这使他们认识到影响历史上营养运动的科学和社会因素。第二天，学生先反思经过昨天的活动，自己对健康饮食看法的变化，再寻找证据对时间线上的内容进行补充，最后将不同的社会事件归类到经济、政治等不同领域，寻找彼此之间的相互作用关系。

通过时间轴这一研究工具，教师对 SSI 教学实施的各时间节点进行系统规划。在课堂中实施 SSI 教学需要学校、社区甚至更广泛的支持，其中教师的教学前期准备以及对自身角色的定位是成功实施的关键。由于缺乏教学时间、教学知识和教材等限制性因素，为教师提供教学脚手架是有必要的。表1整理了分别适用于规划、实施、评价三个阶段的教学支架。教师可以用表2事先审查是否做好实施的准备。

表1　教学脚手架清单

SSI 教学阶段	脚手架（工具或活动）
规划阶段	自审清单
	课堂探究类型参照表
	时间轴
实施阶段	可持续发展目标

SSI 教学阶段	脚手架（工具或活动）
实施阶段	道德困境
	态度表单
	议题星形图
	贴纸活动
	争议地图
	模拟联合国
评价阶段	对课堂教学的评价：SSI-OP 评价量表
	对学生知识与能力的评价：社会科学可持续性推理模型
	对学生情感和价值观的评价：全球公民品格与价值观评估问卷

表 2　自审清单

一、提出问题	
你能提出什么有趣的与学生有关的问题？你将如何导入课程，使其具有真实性，并让学生意识到与自己息息相关？	
二、实施探究	
你使用的是什么类型的调查？ 你用的社会性科学议题的背景是什么？	资源：你将需要什么？你会开展一项实际调查吗？你将如何组织学生，以便管理讨论？
你打算如何处理个人 / 社会 / 全球层面的议题？	
你旨在解决的（a）学科知识和（b）技能（实践、科学工作技能、社会技能）是什么？	
评估：你将做什么来评估进展和结果（例如，你将问什么问题？你将布置什么任务？）？	
三、采取行动	
你会要求学生采取哪些可能的行动（在个人 / 社会 / 全球层面）？	

实施探究阶段包含科学探究、论证、决策等高阶实践活动，是学生深化对议题的理解，发展与全球胜任力相关的能力的关键，这对学生自主参与与协作学习的要求更高。因此，设计者应根据学生的学情和接受程度灵活设计不同开放程度的探究活动，并确定应为学习者提供何种程度的思维支架。《科学探究与国家科学教育标准——教与学的指南》一书就设计了程度不同的课堂探究类型。

实例 2.2 提供了一个怎样设计和准备教学支架的范例，呈现了怎样重视学生思维发展、重视按"最近发展区"组织教学的基本思路。教学支架问题是这个案例的核心内容，其特点和优点是：（1）分阶段梳理呈现了课堂所需要的教学支架，从规划、实施、评估三个方面提示了所需要的各种工具和活动方式；（2）用图表和实例，说明了这些支架的使用方法，其中特别提示了要根据学情来灵活使用；（3）对一些重要的教学支架提供了资料来源，让教师在学习具体操作要领的基础上，能够进一步了解其理论背景和实践状况。

在学校教研的评课活动中，经常有人把课上得"顺"作为"好课"的一个标准。如果教师能够掌控教学过程，与学生交流顺畅，有序地完成了预定的教学设计和任务，他的课往往就被认为是好课。其实，按建构主义的教学理念，上得"不顺"的课才有可能是好课。这样的好课，要有问题情境，要有认知冲突，问题的设计和解决强调"结构不良"而不是"结构良好"，即学生不是按照教师给定的信息和工具解决问题，而是需要在新旧知识的联系中迁移能力，在自主探究的基础上找到解决问题的路径，形成新的认知结构。在这样的课上，有疑问、有争议、有意外是常态，预设与生成结合是常规。这样的课，才符合建构主义的本意。

‣ 三、理论的功能与选用 •

本讲的前两部分讨论和回应了"理论是什么"和"为什么要学理论"的问题，这一部分要谈的是"怎样选择应用理论"。一般来说，理论的功能大体可以概括为三点，即描述、解释和预测。面对纷繁复杂的教育现象，理论可以给研究者提供一个思维工具，从中梳理出研究的思路和成果。不少优秀的教师在理论应用方面提供了许多成功的实例和经验，可供学习借鉴。

（一）理论的三种功能

学术界对理论的功能作用及其分类，表述可能有所不同，但大致上还是不离描述、解释和预测三个方面，这里分别举例加以说明。

1. 描述功能

自然、社会和人的现象纷繁复杂，面对海量的信息，做研究总要有个特定的对象和范围。理论的第一个功能就是描述研究对象，呈现基本事实。理论可以帮助研究者从一定的视角出发，观察、梳理和表述所要研究的事物，对研究对象有一个完整和准确的认识。比如要研究一所学校、一门学科、一堂课或一个学生，有一定的理论思考，就不至于不知从何说起或从何做起。理论可以给人一个分析框架，按照相关理论的思路和结构，对研究对象、研究过程的状况有序地予以描述。

实例 2.3 对转化后进学生工作的几点思考①

一、了解学生心理，是转化后进学生的基础

心理学家说，"青少年总是站在大海的彼岸呼唤人们理解"。后进学生普遍存在以下几对心理矛盾，是需要我们正确理解的。

1. 重感情与感情投入枯竭的矛盾。后进学生性格特点之一是重感情、讲义气，渴望得到保护、帮助和同情。然而，许多后进学生却得不到正常的感情投入，他们或遭父母遗弃，或被教师歧视，或受同学冷落，这就与他们需要得到感情产生了矛盾。

2. 自尊心强与得不到尊重的矛盾。青少年都有强烈的自尊心和荣誉感。特别是初中学生正处于少年向青年的成长阶段，从成人角度看，他们还是孩子，但他们却视自己已是大人

---

① 翁云飞:《对转化后进学生工作的几点思考》,《上海教育科研》, 1994 年第 10 期,第 40—41 页。

了，希望别人也像大人一样对待他们。由于后进学生的缺点、毛病多，往往得不到别人的尊重。

3. 好胜与不能取胜的矛盾。争强好胜是后进学生的重要心理特征。他们很想得到老师、家长的表扬和同学的赞许，但往往得到的多是批评、指责甚至嘲讽，使好胜心受到损伤与打击。

4. 上进心与被动个性的矛盾。后进学生与一般学生一样，也有改变现状、要求上进的急切心理，即使对前途失去信心的也会有改好的念头。但上进毕竟是艰苦的，不是一蹴而就的，往往需要付出巨大的努力。而后进学生在家庭与学校的生活学习中养成被动懒惰的个性，他们学习注意力不集中，有意注意行为甚少，意志、毅力均薄弱，这就增加了上进的困难。俄国教育家乌申斯基说，"了解学生是掌握学生的一把钥匙"。只有正确理解后进学生的心理，尽力处理好他们身上的矛盾，才会使我们在解决问题时更理智、更冷静、更科学，收到较理想的教育效果。

二、动之以情，是转化后进学生的前提

（略）

三、因势利导，是转化后进学生的关键

（略）

四、言传身教，是转化后进学生的有效手段

（略）

五、加强家校联系，是转化后进学生的重要环节

（略）

实例 2.3 是《对转化后进学生工作的几点思考》一文的提纲及第一部分内容，其中第一部分对后进学生的心理状况进行了比较完整、概括的描述。在这里，作者借用了教育心理学的一些基本原理和概念，概括出后进生的四对心理矛盾，提供了一个简洁有序、层次分明的认识结构和现状描述，为其后几部分所论述的转化策略提供了一个研究起点和理论依据。

按照一般经验总结的写法，如果这部分的内容不用理论概括，也可以举一两个例子来说明学生心理状况。举例的特点是比较具体生动，但缺点是个别人个别事例的代表性有局限。上文概括描述了四种心理矛盾，而某个事例可能只能反映某一方面的心理状态。个别不能代表整体，局部不能反映全部。因此在这种情况下，理论的概括描述有其独特的功能和优势。当然我们也可以用理论概括与具体事例结合的写法，既描述后进生的一般状况，又能用典型事例加以强调。但是考虑到文章的篇幅和重点，一般不能每一段都这样写。事实上，这篇文章后面几部分也采取了观点加例子的写法，呈现了点面结合、理论概括结合实践事例的特点。

2. 解释功能

理论对实践的解释功能是应用理论最常见和最有用的一

种功能。理论是由一系列的概念、命题和原理构成的，通过对事实和现象的抽象、概括、分析、综合和推理，说明事物的内在联系和产生原因。理论是就某一个事物的性质、作用、原因等，提出一定的观点、看法和评价。理论的描述功能在于说明研究对象"是什么"，而解释功能在于说明"为什么"。

教师每天在工作中要处理大量事务，这些工作都要尽力做好，但不一定会去思考怎样做好（或没做好）的原因。做研究、写论文，其实就是要把工作实践中能想明白、说清楚的那部分写成文章，这就是工作与研究的区别，也是"有理论"与"没理论"的文章的区别。有理有据，才能顺理成章。

实例 2.4

理智的爱——青浦县实验中学教师 沈君佑教育经验总结 [①]

沈君佑老师基于对学生的爱和了解，形成了一系列以情感为特色的教育方法。她运用教育理论和科学方法对"差生"转化、增强学生自信心乃至激发学生良好发展的心理因素进行了分阶段的研究，并用研究成果来指导她的教育实践，使教师对学生的爱由传统的以满足学生低层次需要的朴素感情居多的"母爱"升华为符合规律的"教育爱"。她对学生的爱是一

---

① 郭德峰、潘本元、沈君佑：《理智的爱——青浦县实验中学教师沈君佑教育经验总结》，《上海教育科研》，1994年第8期，第41页。文字有改动。

种理智的爱，在启迪学生心灵的过程中受到教育科学规律的支撑，从而获得十分理想的效果——学生学业成绩的大面积提高和学生素质的全面发展。

一、提高班级教育质量的基础工作——转化"差生"

有些人认为"差生"是由于天赋和大环境所造成的。沈老师感到这并非是问题的实质。经过问卷调查、与学生谈心、家庭访问，她认识到，所谓"差生"问题，其主要矛盾是教师与学生之间的思想、情感等因素的问题。经过调查、观察和访谈，沈老师发现"差生"一般具有固执性、逆反性、反复性、自卑性和孤独性的特点。这与他们受到环境的不良刺激和自我意识发展受阻有关。基于此，她采取了一些转化"差生"的有效策略。

一是表扬、鼓励、个别谈心、分层次专题座谈等因人施教的方法，以此培养师生情感，让"差生"感受到教师的真心和诚意。

二是设立班级学生进步奖。每个学生凡单项或各方面在原有基础上有所进步，均可获得班级奖励。这样使"差生"产生希望，发挥他们的长处，激发"差生"的向师心和上进心。

三是适当的批评（或处罚），使之成为增强师生情感的粘合剂。只要教师注意批评的场合、范围、时机和被批评者的心理状态，顺应"差生"的思维路线，运用启发方式批评，"差生"最终会认识错误并为教师的善意和水平所折服，如此会更加信赖老师，加深师生情感。

四是充分发挥班集体和学生伙伴的作用。沈老师认为单靠教师与"差生"的双向交流是不够的，教师还要充分运用"差生"身处的正式和非正式群体中的积极力量来影响"差生"。集体的关心、同龄人"一帮一"的交心极容易产生情感的共鸣，这样师生的感情就有了一个比较广泛的依托，从而使"差生"与其他同学一样"亲其师、信其道"。

五是加强教师与家长的联系，形成家庭与教师和谐、统一的教育措施，加速"差生"转化。

实例2.4是一位优秀班主任教育经验的总结要点，文中介绍的沈老师因转化学习困难学生成效显著，曾被评选为上海市优秀教育工作者。这篇文章没有特别引用什么深奥、专门的理论术语，但是具有很强的内在逻辑性和理论解释力。从理论应用的角度说，本文有两个值得学习的特点和优点。一是提出了一个中心论点，即"所谓'差生'问题，其主要矛盾是教师与学生之间的思想、情感等因素的问题"。二是围绕中心论点，对实施的各种转化策略，都从情感教育和学生心理角度，给予了解释和说明。这样的文章看似平易，其实要写好并不容易。一方面，许多教师可能不太认同这个中心论点，因此也想不到提出这个研究主题；另一方面，要围绕中心论点来阐述各种转化策略的理由，也有一定难度。比如批评和处罚、发挥同伴互助作用等教育策略，似乎与增进师生情感没什么关系，但作者却都能给予合理的解读和论证。这种解读也就是两三句分析说明，现在看起来也没有什么高妙之处，可换作其他作者和读者就未必想得到。

转化"差生"的教育方法很多，未必都是从增进师生情感角度入手；教师平时帮助指导后进生，也未必都想过有什么理论依据。"差生"问题研究，可能在不少教师看来，思想情感问题固然重要，但学生的学习基础和智力、能力问题也是一个重要原因。由此，如果没有明确的思路和核心论点，写文章时就可能主次不分、面面俱到，让人读来不得要领。这不是说对"差生"问题不能做全面、系统的研究，也不是说智能等次要问题不能研究，而是说在一个较短的篇幅内需要聚焦主题和确立中心，才能把问题说清楚，把最有价值的教育行为和经验提炼出来。当然，要是作者设想的核心论点本身就是没有理论依据或事实依据的（比如"差生"产生的主要原因是智力问题），那么错误的方向只能导致混乱的结果。

一种常见的现象是，作者没有自己的观点和论述的思路，往往试图套用各种理论来增强文章的学术性、理论性。这样导致的结果，就是随意堆砌的理论概念前后矛盾而缺少逻辑性，很容易弄巧成拙。知其然而不知其所以然，所谓理论与实践两张皮的现象就是这么形成的。

3. 预测功能

理论不仅具有描述和解释现有事物的功能，还能够通过逻辑推理，预测事物发展的前景和结果。基于对未来状况的预测，研究者就可以对现状和行为提出改进的建议。一般来说，理论的预测功能在教育研究中大多体现在宏观或中观领域，如研究人口变化与学校设点布局的关系等。在课堂教学等微观领域，近年来比较流行的逆向设计、教学评一体化等教学理论，主张以期望获得的教学结果作为设定教学目标的依据，也可以看作理论预测功能的体现。

实例 2.5

学习支架的设计与利用[①]

由于任何一项观察总要研究学习目标的达成情况，因此，可以围绕每个目标展开学习支架的设计与利用的观察，这也有利于得到观察结论和建议。

根据以上思路，可设计如下观察量表：

学习支架	目标1	……	目标 N
学习支架的设计 （来源/清晰度/学习 要求/突出特点）	按支架类型记录	同前	同前
学习支架的利用 （出现时机/支架解读/ 板书辅助/师生对话 内容/学生参与状态/ 图—表—文转换）	按支架类型记录	同前	同前

本表记录需注意的事项：

1. 本表以学习目标为中心开展观察，清晰、具体的学习

---

① 选自吴江林：《学习支架的设计与利用》，原载于崔允漷、沈毅、吴江林：《课堂观察Ⅱ：走向专业的听评课》，华东师范大学出版社，2013年版，第108—109页。

目标是本表记录的一个基本前提，为有利于找到具体的判断依据，学习目标的表述最好采用"ABCD"法。

2. 记录要涉及大量师生对话，而此表所留空间有限，为便于记录，观察者应结合座位表开展记录，如在座位表上记录具体的对象、对话内容（包括问题与解答）、交流时间、出现时机等要素。

3. 本表记录量大，很多观察指标需要在课堂上作出迅速的专业判断。因此，量表的使用者应充分考虑自身特点。如教学经验丰富或专业水平高者，可一人独立观察记录；反之，最好针对不同的观察指标采取多人合作分工的方式进行记录。

4. 本表记录量大，如出现时机、模型解读、板书辅助等都需要详细记录发生的过程。因此，为了获得全面学习，记录时可使用录音笔、摄像机、照相机等器材进行辅助记录。

本表得到观察结果后的推论思路：

推论思路1：以学习目标为线索，逐条总结所涉及的学习支架的设计与利用情况，最后判断这些学习支架是否处于"最近发展区"，是否有利于学习目标的达成，是否有利于促进学习。

推论思路2：以学习支架为线索，按照学习支架的类型逐项分析，分析学习支架设计与利用的效度，分析所涉及的学习支架的特色，阐释教师的教学机智和专业发展问题与方向。

实例2.5是一份课堂观察量表的使用说明，这个量表背后则是崔允漷等研究者所提出的课程观察 LICC 范式的理论。这个理论的核心理念之一，就是要把"是否促进学生有效学习"作为课堂观察的起点和归宿，而不是形式化地观察记录师生的言行表现。比如在学习支架的设计和利用问题上，研究者不是简单罗列和介绍一堂课使用了哪些支架，而是把关注的重点放在这些支架"是否处于'最近发展区'""是否有利于促进学习"这些教学目标上。本量表的使用说明，一方面体现了理论的解释功能，如详细解释了量表的用意和观察要点；另一方面还体现了预测功能，即通过两个"推论思路"提出了预期的观察结果。这样，经过解释和预测，这篇文章突出了怎样判断和证明学习支架有效性的理论依据和操作建议。

（二）选用合适的理论

理论可以用来帮助研究者拓宽研究视野、增进研究深度、提高研究水平。教师的实践研究怎样选用合适的理论，是一个有一定难度的问题，也是一个学习提高的过程。本讲已经介绍了理论的不同层次与功能，各种理论各有其适用性和局限性。一般来说，看似好用、适用性强的理论，往往针对性不足；而比较专门的理论则往往适应面窄而不太好用。因此，选用什么理论来指导、支撑自己的实践研究，会受到主客观各种因素的制约，需要在研究过程中寻找合适的平衡点。

幼儿体验活动设计的理论依据

（1）《教育生态学视角对幼儿体验活动的启示——以大班幼儿垃圾分类体验活动〈堆肥故事〉为例》（后改为《"生态学"视域下幼儿园垃圾分类体验活动设计与实施研究》）

（2）《实践理性：幼儿园深化教育研究的必由之路——以幼儿垃圾分类体验活动中情感目标的研究过程为例》

（3）《幼儿体验活动中情感目标制定的实践探索——以幼儿垃圾分类体验活动为例》

这是上海市闵行区鑫都幼儿园的一项研究，该园有十多年开展环境教育的历史和经验，2020 年以此申报立项了上海市教育科研课题"'生态学'视域下幼儿园垃圾分类体验活动设计与实施研究"。2022 年课题结题后，将结题报告简化修改后向杂志投稿。这篇论文从初稿到发表稿前后修改了五六稿，除一些技术性修改外，其中实质性的修改有两次，即前后写了三篇不同主题的论文。

从理论应用的角度看，论文第一稿应用了"生态学"作为课题研究的指导理论，试图构建一个幼儿园垃圾分类活动设计的理论架构。如把整个活动的结构分为三个方面：（1）微系统，幼儿个体对垃圾分类的认识和行为；（2）中系统，幼儿园组织的各种垃圾分类主题活动；（3）外系统，幼儿在家庭和社会生活中参与的垃圾分类和环保活动。生态学理论当然对人们的垃圾分类和环境保护活动有着实践指导意义，但是与教育教学活动并没有直接的联系。因此在这项研究中，一般地援引生态学理论，只能对学校、家庭、社会做一个大致的分类，对设计开展相关主题活动很难有具体的帮助。

编辑部审阅初稿后提出修改意见，主要有两点：第一，要选择应用更合适的理论作为本文的研究依据和指导思想；第二，单纯介绍一个实践案例价值不大，要以垃圾分类活动为例，进一步提炼出这类综合主题活动或项目化学习中有待解决的共性问题，如活动目标的设计与实施，使选题立意具有更普遍的实践意义。

在论文第二稿中，作者缩小了选题范围，提出了"情感目标"的研究主题，这是一个很大的改进；同时改用了"实践理性"的概念和理念，试图说明实践研究是一个将教育理论与教育实践经验融合的过程，是从"明理"到"求实"，通过"对话"的方式形成对理论的深刻理解和成熟的实践经验。按照本讲开头的理论层次分析，"实践理性"属于哲学层面的理论，可以适用于教育研究和教师发展等多种研究领域，但普适性的理论缺少具体的实践针对性，"实践理性"理论显然不能对"体验活动中情感目标的研究"提供更多更深入的支持。于是，在编辑部的建议下，作者修改提交第三稿：《幼儿体验活动中情感目标制定的实践探索——以幼儿垃圾分类体验活动为例》[①]。

---

① 顾芬芬、朱旭东、施静燕：《幼儿体验活动中情感目标制定的实践探索——以幼儿垃圾分类体验活动为例》，《上海教育科研》，2022年第8期，第67—70页。

幼儿体验活动中情感目标制定

　　学前儿童在认识世界过程中以"无意性"为主，而"无意性"深受幼儿情绪情感的影响。在幼儿体验活动中，我们发现情感往往仅被视作激发兴趣和激励行为的动机，而不再深究其萌生方式以及对幼儿认知发展与意识产生的作用。因此，我们在各类幼儿垃圾分类体验活动的深度研发中，尝试将情感目标系统地划分为"情感的习得、态度的养成、意识的形成"，且使三者之间循序渐进；并以幼儿为先、立足实践，找到了"以行促情、情以致能、能则兼济"的目标实现路径，进一步对目标进行有理有据的完善。我们认为：体验活动应该使每位幼儿在行动中都获得丰富的情感体验，并在保持兴趣的同时学会做事、做人，养成自主与合作的态度，形成积极的社会责任意识。由此，我们尝试建立了"坐标系"模型来形象且逻辑地诠释设计思路。（图1）

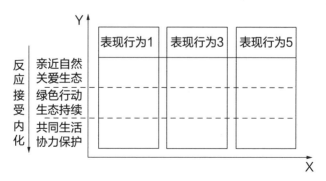

图1　幼儿体验活动情感目标的"坐标系"模型

在纵向 Y 轴上，以布鲁姆情感目标分类学理论为思维框架，结合国内外相关文献、指导用书与我园已有成果（表1），初步确立以"亲近自然与关爱生态""绿色行动与生态持续"以及"共同生活与协力保护"为核心的子领域设计思路。在横向 X 轴上，以"表现行为"来呈现幼儿不同阶段所内化的发展状态。遵循幼儿发展阶段理论，以动态发展的眼光，在实践中不断完善具体指标内容。因此，还需要设计完整的幼儿体验活动情感的目标完善路径，保障理论模型的实现与运行。

表1 子领域设计的理论依据

指导用书	《3—6岁儿童学习与发展指南》	亲近自然，喜欢探究；具有初步的归属感；喜欢进行艺术活动并大胆表现等
	《上海市幼儿园办园质量评价指南（试行稿）》	爱提问题；做事专注、坚持；用一定方法探究周围感兴趣的事物与现象等
参考文献	日本:《环境教育指导资料（幼儿·小学篇）》	亲近自然；垃圾分类行为的养成；定时定点的习惯养成
	英国:《环境教育的卢卡斯模式》	关于环境的教育；在环境中教育；为了环境的教育
我园经验	《开启幼儿低碳环保的快乐生活》	热爱自然；关爱生态；保护环境；废品再生

布鲁姆理论的教育层次是幼儿从"接受"到"反应"，最终逐步"整合内化"的过程，帮助幼儿在"认同"层面上自发地践行社会责任（社会责任意识的形成）。既考虑到了幼儿心理的发展水平，同时遵循了幼儿情感和认知的发展规律。在此基础上，我们立足实践研究，进一步设计了体验活动中幼儿情感目标的实现路径。

在查阅文献与参考资料后，我们在原有设计中，将"了解和感知垃圾分类行为与我们生活、生态环境之间的关系"作为幼儿"亲近自然与关爱生态"的起点。但是，在实践中发现，这样的设计并不符合幼儿独特的情感习得方式，往往容易陷入教与学的"二元"对立中，让幼儿被动地参与活动、接受思想。这样培养出来的环保习惯是不稳定的，主观能动性也难以激发。

如，在小班"生活中的纸"活动中，当问到"为什么要这么做？"时，幼儿回答不上来。但是，他们喜欢收集生活中的废纸、纸盒，还能在游戏中、运动中拿出来玩耍一番。在中班、大班中也是这样，虽然大部分幼儿说不清垃圾分类和我们生活的关系，但是他们在活动中用行动证明愿意爱护身边的生态环境——"以行促情"。由此，我们对"亲近自然与关爱生态"中的某条具体目标做了如下改动（表2）。

表2 子领域"亲近自然 关爱生态"中重点修改的目标内容

	初稿	修改稿
表现行为1	初步了解和体会垃圾分类和人们生活的关系，愿意保护生态环境	乐于尝试用简单的方法保护身边的生态环境，体验成就感
表现行为3	初步感知参与垃圾分类和自己生活的关系，初步养成利废循环的环保意识	爱护身边的生态环境，喜欢可持续、绿色的生活方式
表现行为5	感知生态循环带来的好处与践行垃圾分类的快乐，知道保护环境的重要性	主动关爱生态环境，关注并参与周围的生态保护活动

经过较大的修改，论文第三稿呈现了相比前两稿明显的进步和突破。在这一稿中，作者不再纠结于选用那些哲理性较强的理论，而是选择应用了更下位的教学方法论，切实地起到了对"情感目标制定"的描述和解释作用。阅读全文，我们可以看到作者发掘利用了两类理论资源。一类是作为主要理论支持的布鲁姆的教育目标分类学，研究者借鉴布鲁姆的六层次目标分类及相关理论，把幼儿体验活动情感目标概括为"反应、接受、内化"三个层次，由此构建了情感目标研究的基本框架。另一类是比系统性理论更下位的、带有具体方法性质的理论，包括政策文件及比较成熟的教改经验，以国家教育部和上海市教育行政部门颁发的有关政策指导文件为主，结合选用国内外相关研究文献，构成了本课题各个子领域设计的理论依据。有了恰当的理论支持和框架结构，就能有效而有序地整合丰富具体的做法和经验，包括筛选出原先没有注意到的细节和素材。整篇文章有了一个坚实的骨架，就"立起来了"。

理论选择的恰当与否，与教师的研究意识密切相关。许多教师在初做研究时，往往不能很好地认识工作与研究的区别，因此选题就难以聚焦。反映在论文写作上，总是想把自己做过的事情都写出来，使一篇文章能够更多地反映自己的工作实绩。对于一些涉及学校层面的集体性研究，领导者更想通过一个课题带动所有工作和所有人。在这种情况下，科研写作就容易偏向选用一些便于起到思想动员作用的教育理念，而不是针对性较强的方法类理论，因此研究成果就缺少深度。

这种认识误区的消除，单讲道理是没有用的，只能在实践研究的过程中慢慢地转变，通过研究的挫折和成功，逐渐认识理论指导的适用性和局限性。最终会看到，一个合适的理论或概念，就像一根贯穿素材的线索，能够把零散的珍珠连接为一串漂亮的项链。

第三讲

比较与分类：基于归纳的经验总结

在第一讲中，我们介绍了经验总结的主要思路和方法，其中的举例基本上都属于归纳思维，即从个别的具体的事实上升到一般的抽象的原理。例如通过一堂课、一个单元、一项活动等进入研究，经过对现象、事实的描述和解释，提炼出某种范式或理论。这个从感性到理性的认识成果，以小见大，可以用来指导和启发其他同类的教学实践，这就体现了教师实践研究的意义和价值。

"比较与分类"（下简称"比较分类"）同样是归纳思维的体现，也是经验总结和科研写作的又一种重要方式。"比较分类"与"从个例出发"的研究思路不一样的是，其起点不是一个特别典型或精彩的教学实例，而是有多个看似一般的零散的例子，比如教师手头的听课笔记所记录积累的大量素材。怎样从琐碎材料中梳理提炼出有价值的经验或原理，这是比较分类法所要解决的问题。

▸ 一、比较分类的特点及应用 ◂

比较分类是一种思维方式，也是一种研究方法和写作方法。不同的思维方式，可以引导不同科研写作方法的应用。

（一）比较分类的思维特点

比较是寻找、发现、确定事物之间共同点和不同点的思维方法。我们可以从大量相似的教育现象中发现其中的差异和不同点，也可以从看似不同的课例中发现相似之处和共同点。通过比较，我们可以同中求异，也可以异中求同。常言说，没有比较就没有鉴别。比较可以帮助人们识别事物的异同和优劣，从而加深对事物本质的认识。

分类是在比较的基础上，按一定标准将众多事物分为不同的类别，把性质相同的事物归作一类，即合并同类项。按照事物的从属关系，我们可以把事物归并成两个或几个大类，还可以按需要把每个大类分解成不同层次的小类。

在比较分类的基础上，庞大或杂乱的事物就被构建成便于认识的合理的知识结构和概念体系。分类是一种重要的思想方法，当一个问题涉及的内容比较复杂，不能够进行整体的研究时，我们就需要对研究的对象进行分类，按某个标准形成不同的类别，再分别研究给出每一类的特点，最终综合各类结果得到整个问题的解答。比如人们熟悉的核心素养和新课程标准实际上就是一个比较完整的分类体系。

根据教育部有关文件和专家解读，学生发展核心素养主要指学生应具备的、能够适应终身发展和社会发展需要的必备品格和关键能力，图3.1把整个目标体系分为三个方面、六大素养、十八个基本要点。核心素养具有整体性、一致性的特

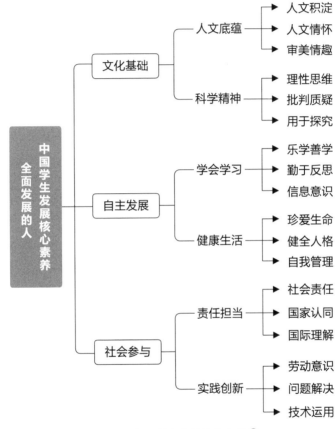

图 3.1 中国学生发展核心素养 [1]

---

[1] 参见北京师范大学课题组公布的"中国学生发展核心素养"研究成果，2016 年 9 月 13 日。

点，但是在不同学习领域、不同发展阶段又有不同的表现。因此教育部又先后印发了"普通高中课程方案和课程标准"和"义务教育课程方案和课程标准"，这些文件分别包含了高中20个学科和初中、小学16个学科的素养要求和内容，这样就形成了一个更加具体细致的分类体系，更便于广大教师理解和践行。一般来说，教师不会从宏观、整体的角度来研究核心素养，但是有了这样一个结构图、路线图，我们就可以从中找到自己的定位，从而确定适合自己研究的目标和主题。

（二）经验总结的两种类型

从研究和写作方法的角度说，经验总结可以分为两种基本类型，一种就是前面介绍的"基本经验＋典型事例"的写法，可以称为"直觉型"的经验总结。许多教师在长期的教学实践中，形成了对教育教学问题的一些看法和观点。这些看法、观点和理念，还没有经过认真、系统的思考，主要是依靠实践中的体验感悟而获得一些经验性的认识，包括感性认识和理性认识。如果这些教师要介绍自己的教学经验，很难用严谨的说理方式来表述自己的观点，多半是直接表达自己对教学问题的体验感悟，同时用几个生动具体的例子来加以说明。比如对于"怎样才能上好课"的问题，可以提出三点体会：第一，要"吃透"教材；第二，要了解学生的学习基础；第三，备课上课要有一定的灵活性，要预设与生成相结合。如果追问，怎样才算"吃透"教材呢？这时就需要举例说明，而不是通过理论分析来论述教师掌握教材内容的原则和标准。

"基本经验＋典型事例"，或称"体会＋例子"，就是这类"直觉型"经验总结的基本思路，也是论文写作的基本框架。写好这类经验总结，起点是寻找、发掘甚或"做"出一个或几个精彩的实例。本书前言中提到，教师的实践研究，是教师作为认识主体在特定情境中对教育教学规律的一种再认识和再发现。实践创新，就是教师在自身所处的特定情境中，对前人提出的教育规律或教育理论有了新的领悟和新的应用。也就是说，教师经验总结中所提出的一些观点和认识，从理论研究角度说，一般都是对已有理论观念的重复，说不上有多少原创或新意；而教师研究的创新价值，更多地体现为怎样将先进的理念转化为可操作的实践。这些不同情境中的实践创新，主要是通过实例描述而不是观点分析来表达的。不少教师把精力放在追求理论观点的新颖上，写出的文章往往既没有新观点，又没有新例子，所以就不好看。

另一种经验总结可以称为"逻辑型"，其基本方法就是"比较分类"。对教师来说，一个好例子往往是可遇而不可求的。许多情况下，我们遇到的不是一个内容丰富而场面精彩的例子，而更多的是课堂中的平常景象。面对复杂的教育现象和大量的琐碎材料，怎样梳理提炼出有价值的经验或原理，比较分类是一种常用的方法。从思维方法角度说，比较分类不再依赖于教师的直觉感悟，而是更多地依靠逻辑思维，经过对众多材料的比较分类、抽象概括、分析综合，最后提炼出比较系统深入的理性认识。

· 二、比较研究的三种方法 ·

比较分类是经验总结的一种重要方法，也是归纳思维的具体应用。许多研究者和优秀的教师在这方面积累了丰富的经验和范例。比较分类就是材料的合并同类项，其难点在于研究者有时头脑中没有"类"或"项"的概念，不知从什么角度、往什么方向去寻找思路、归并事实。当然我们也可以先找一种现成的理论，按其理论框架对号入座、选用材料。但是这种临时抱佛脚的做法容易简单套用理论，往往不能提炼出真实有效的经验和做法；研究成果缺少实践研究的过程和特色，论文质量也不会高。

"黄浦杯"长三角城市群教育征文评选活动（下简称"黄浦杯"）是一个比较有影响的范例。"黄浦杯"的基本特点是每次征文主题的切入口小、开掘深，强调科研写作方法的学习和指导。2011年的"新观念，好实践"主题征文，就尝试应用了"比较"的方法。当时主办方在征文启事和写作指导中提出，征文撰写要围绕"新观念，好实践"的主题，反映自己把新课改理念转化为实践行为的过程和思考。其中"新观念"是指国家课程改革方案、课程标准、教学建议等文件中提出的教学理念；"好实践"是特指有多次实践基础的有一定研究深度的教学探索。为了突出这个主题及要求，主办方及相关地区的教科研专家在指导活动中强调，本次征文的内容必须涉及两节课及以上的实践，不包括只写一堂课的一课一议式的教学反思。因为有两节课的内容才方便比较，才能从中学习掌握

"比较"的科研写作方法。为此，征文主办方提出了三种可供学习借鉴的比较方法。

（一）新旧比较的方法

新旧比较，是把自己目前的做法与以往的一般的做法进行比较分析。这类比较适用于教师在某个教学环节或内容上的创新实践，或者是反映学校在倡导推行某种新模式、新策略的做法。如过去教师上课习惯于以讲为主，现在改为交流讨论或学生自主学习为主；过去教师布置预习和作业时内容形式一成不变，现在改为运用导学单或分层作业等方法。

**实例
3.1**

由"墙"说起 ①

本文是初中历史《冷战》一课教法的比较研究。

一、旧视角——拘泥于教材的传统模式

本课恪守了教材的写法，围绕冷战的背景、表现、结束及影响的线索展开，重点在"柏林墙"。教学方法上则植入了漫画与"神入法"（看《黄鼠狼给鸡拜年的结果》思考马歇尔计划，看《赫鲁晓夫和美国总统肯尼迪的较量》分析冷战影响），

---

① 选自罗婆凤：《由"墙"说起》，原载于张肇丰、李丽桦：《课堂改进的30个行动》，华东师范大学出版社，2011年版，第59～64页。文字有改动。

看一组柏林墙老照片编写故事，以现代人的思维体验特定历史时期人的生活及心态。

反思《冷战》最初的设计方案，属于基本遵从教参、固守教材内容主旨的传统模式。看似设计严谨完整，教学流程细密，但总觉得乏味刻板没有新意，少了些生动的具象性描述。见识过许多优秀的课堂实例，有旁征博引、才思敏捷的；有合作学习、思维活跃的。如果仅是跟着潮流走，会使课堂变成模仿的秀场，莫若依着自己的风格，把文学的意象和历史的感悟一并融入课堂，上一堂有个性的历史课。在一次教学座谈会上受到启发，把握内容主旨的目标为：体现"一堂课一个中心"的教学思想；要有"源于教材、高于教材"的课程开发观念；方式上从"课"的新视角和新观点中把握主旨。

二、新视角——以"墙"为内容主旨的模式

修改以后的新方案，沿袭了背景、表现及影响的课文结构。最大的改变是，给"冷战"这个本体注入了新的内涵"墙"。首先，给课题"冷战"加上副标题：由"墙"而起。小标题则全部以"墙"命名。全课贯穿了从"无形的墙—有形的墙—无形的墙"的发展脉络。将美苏之间的冷战喻为筑墙、扩墙、拆墙的过程，突出柏林墙是冷战的象征，无形的墙和有形的墙诠释了冷战发展的进程及特点。这样，以"墙"为内容主旨构建了整节课的新框架，从形式（标题）到内容，打破了原先的设计方案。专家听课后评析：用文学的象征意义解读历史，是本课最突出的亮点。

有形的墙倒了，无形的墙还在吗？以"墙"为内容主旨，意在启发学生对所学知识作深层思考，体现史学"读史明志、察古鉴今"特殊的育人价值。育人价值除了思想教育的内容，还包含了学习方法的引导，新的方案仍保留了漫画与"神入法"的教学方法，实践的效果很好。换一种视角解读历史，不仅在于提高学习的兴趣，更在于开阔视野，帮助学生对知识的理解，继而产生感悟。思维习惯的形成是潜移默化的，或与教师的教学风格有关。

三、文史结合——塑造自己的教学

文史结合的教学探索，始于诗词在历史教学中的应用，在经过多年实践之后，已将初中阶段的教材内容全部梳理集结，使诗词与课文的匹配有了索引。由此，文史结合的探索迈出了第一步。在进一步的课堂实践中，现由诗化教学逐渐拓宽至更广的范围，如案例二所陈述，找到了以文学的象征意义分析历史的新视角，借文学的具象之美，解史学的深邃之妙。依着这个视角，如何挖掘更多与教材相契合的内容，并把握文史结合的度，目前尚处于摸索阶段。

对老师而言，需找到一条教学改革的小路，进而逐步深入，塑造自己的教学风格，达到教学的最高境界。当然，不同的老师可以有不同的选择与尝试。有的教师史学功底深厚，善于质疑和推理等，可以向"理智型"教学个性方面发展；有的教师偏于感性思维，文学素养及悟性高，可以向"文史结合"教学个性方面发展。教师只有充分认识、把握自己的个性特质，并按照教学目的和审美要求，把它运用于教学实践，在教学中体现出来，这样的风格才是不可复制的。

本文作者对文学较有兴趣，曾对历史课中融入诗化教育的教学方法有过研究，写过论文《历史教学中的诗词应用》。本文则通过新旧教法的比较，呈现了文史结合的新理念、新尝试。本文原有五个部分，前四部分分别是新旧两种教法的设计和思考，加上第五部分的总体思考，大致形成三个层面的论述。第一层介绍以往的一般教法，按部就班地按时间顺序了解分析冷战历史的由来、发展和结束。为了增强教学效果，作者还引入了漫画和摄影图片，激发学生的学习兴趣和引导思考重要历史事件。第二部分在实践反思基础上找到了用象征手法作为教学线索，体现了"一堂课一个中心"的教学思想。

按一般写作的思路和方法，这篇文章如果不做新旧比较，直接"以《冷战》一课为例"写"文史结合"的新教法，也是可以的。但是运用新旧比较的方法，有助于读者了解这个新教法的来龙去脉、前因后果，对研究素材的内涵可以有更充分的开掘。而且单写一堂课容易就事论事，陷入"一课一议"的套路，很难写出新意和深度。本文最大的特点和价值，还不在于比较，而在于作者不是简单地比较引入漫画照片与运用象征手法等方法手段的优劣，而是通过前后比较提炼出一个超越具体方法应用的主题，即从一堂课的设计拓展到一种教学风格的形成。在多年来文史结合的探索基础上，作者提出了"塑造自己的教学"的核心理念。这个理念是一条贯穿全文的思考线索，由此反观不同阶段对"文史结合"的理解和尝试，并延伸到不同个性的教师怎样寻找自己的专业发展方向，研究思路更为清晰，文章的立意更高，起到了提纲挈领的引导作用。

（二）纵向比较的方法

纵向比较，是对同一主题的多轮实践反思和前后比较。目的是呈现某项研究的发展过程，重在比较前后的发展变化及其得失。如人们所熟悉的磨课，就可以前后比较课的改进程度。但是这类教研活动需要有一个相对固定和集中的研究主题，也就是多轮实践要有相同和相关的关注点，比如探讨怎样践行大单元教学、怎样实施支架式教学等。如果单纯是为了参与教学比赛及获奖而磨课，由于参与者的关注点可能比较分散，作为研究项目就缺少连续性和可比性。

实例
3.2　　　　　一课三探"确定位置"①

经历了用"数对"方法上《确定位置（一）》一课的探究过程，深刻体会到读懂教材的重要性。

---

① 　选自施孟君:《一课三探"确定位置"》,原载于张肇丰、李丽桦:《课堂改进的 30 个行动》,华东师范大学出版社,2011 年版,第 71—78 页。

一、初探定位：吸引"目光"

设计完成后，自我感觉不错。导入部分"开家长会"的设计，问题源自生活。展开部分由位置→写有序数对，由有序数对→找位置，多种活动并用：纸上写数对、书空说数对、手势表示数对；老师找朋友，同学找朋友。练习部分"台风""游乐场"设计，沟通数学与生活的密切联系。

然而这只是我一厢情愿的美好愿景。问题在于：(1)从"王刚班的座位表"得出用"数对"确定位置的表示方法，再让学生用数对表示现实生活中的位置，在一定程度上割断了两者的内涵关联，抽象化的教学使学生对"数对"的认识是"浅解"的，甚至是"误解"的。以至于到后来的"游乐场"设计时，学生还沉浸在座位情境中，认为数对中前面的数表示第几组，后面的数表示第几个。另外，简单化的教学，促使学生通过记忆，模仿着用数对表示位置。(2)为了吸引"目光"、博取"好感"，力求组织丰富多样的活动，结果教学活动如"空中楼阁"，华而不实。

二、再探定位：体现"数学味"

相比预案一，此设计的优点显而易见。从真实的教室位置引入，通过介绍平面图中汪子琪同学的位置，唤起学生的认知——用"第几组第几个"确定位置，引出"有没有比这更加简洁的表示方法"。让学生大胆创新，自己探究确定位置的方法，在不同方法的对比中，让学生体会到用统一的方法确定位置的必要性，从中引出"数对"的表示方法，实现从平面图到方格纸（有点）的第一次抽象。再通过用"数对"描述东苑小学各个楼房的位置，进一步巩固数对知识，在应用中实现从方格纸（有点）到方格纸（无点）的第二次抽象。同时，教学活动以"数对"这一基本概念的数学本质为切入点，通过一组扎实的深化练习，充分突显了教学重点。实践证明，此设计的教学实效是显著的。

但与此同时，我们也发现了一些问题:（1）在运用数对表示方格纸上的点（2，0）时，有将近40%的学生出错，这是什么原因呢？——学生对数对的本质属性理解不够深刻。（2）在外化应用——发现横线、竖线上"数对"的特点时，教师"扶"得多，学生独立思考得少，再加之动物园设计，整个环节显得仓促、单薄和肤浅。（3）数对应用的广泛性没有得到很好的体现。

三、三探定位：追求数学本质

再次分析教材，确立本课的教学重点为：会用数对表示位置，并能在方格纸上用数对确定位置；教学难点为：理解数对的意义。同时，对本课的练习进行了再设计，以突显"数对"知识应用的广泛性，形成预案三。

（一）创设情境，提出问题（保留）

（二）探究方法，理解数对

1. 重现教室位置的表示方法

2. 认识方格纸（直角坐标系的雏形）（保留）

3. 理解数对的意义（部分保留）

（三）拓展应用，内化数对

1. 数对在历史中的应用（象棋）

2. 数对在地理中的应用（郑和下西洋）

3. 数对在天文上的应用（北斗七星）

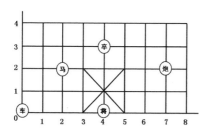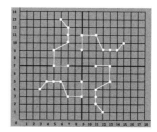

（四）课堂小结，课外延伸

与预案二相比，此设计保留了原来的优点：体现数学味，而又返璞归真、回归生活。不同的是，此设计更注重学生对"数对"意义的理解，在反复设问、追问"你是怎么数出来的"中理解确定位置的方法：其一，数对中第一个数是横着数出来的，第二个数是竖着数出来的。在猜想—验证中，深入理解"数对"的意义。这不仅对后续正、反比例作图中定点、描点的学习能起到相得益彰的教学效果，对于中学阶段学习平面直角坐标系也会有着隐性的后期效应。其二，练习基于数学知识源于生活、用于生活、高于生活的指导思想，结合"历史、地理、天文"，体现了"数对"知识在生活中的广泛应用。其三，注重培养和发展学生的数学能力，从认知、情感、行为三条线路上得以体现。

这是例文作者一次准备省级公开课的经验总结，纵向发展的改进过程在一定程度上也体现了行动研究的特点。文章有一个比较明确的主题，就是"读懂教材"。通过三年级上《确定位置（一）》一课，具体反映了教改理念转化为实践操作的过程。例文作者最后提炼了三点反思：一是要读懂教材的编排意图，二是要读透教材的知识体系，三是要读活教材的思想内涵。

这篇文章清晰地呈现了研究者三次探索的过程，有实践，有反思，步步推进。这类文章常见的问题是描述与思考脱节，如先具体描述教学过程，然后再泛泛地谈几点经验体会。本文的优点在于实践与反思紧密结合，具体分析了每一次教学设计和实施的优缺点，如有的教学设计华而不实、脱离主题就舍弃，有的教学实效明显就予以保留，有的则部分融入新的教学预案中。三次教学的前后对比反映了教学改进的依据和思考，呈现了教学探究中面临的问题和解决的思路，使得文章逐层深入，避免了脱离实际的空泛说理，最后提炼的教学经验就有了较强的逻辑性和可信度。

（三）横向比较的方法

横向比较，是对同期几种不同的教改实践的比较。这类研究最常见的就是"同课异构"，在描述同一主题的不同教法的基础上，对不同做法进行横向的比较，分析各自的优劣得失，认识不同方法的适用性和局限性。

《收集东收集西》的师幼问答循环 ①

　　师幼问答是集体教学活动中师幼互动以达成教学目标的一种主要方式。大班集体教学活动《收集东收集西》，活动目标是理解收集的含义，感受收集中蕴含的美好情感；寻找画面中事物间的联系，并能根据事物的特点进行合理联想。活动中老师预设"你喜欢收集什么""你是大海收集的什么宝贝"两个问题。然而，不同的老师在教学中用同样预设的问题与幼儿互动，却产生了不同效果的师幼问答循环。

一、教师 A：无诱导无调整的无循环

　　问题 1：你喜欢收集什么？

　　（没有幼儿回答）

　　师：有没有？大胆说说，说错没关系的。（等待幼儿回答）

　　（幼儿相互看看，还是没有人回答。）

　　师：哦，可能小朋友们一时想不起来，没关系，让我们来看看书里的朋友们收集了什么。

　　问题 2：我们做个游戏，老师做大海，你看看书联想一下，你是大海收集的什么宝贝？要说的不一样哦。

　　幼 1：我是大海收集的小黄鱼。（师：说得真好！）

---

① 选自陆君珍、吕萍:《〈收集东收集西〉的师幼问答循环》，原载于张肇丰、李丽桦:《课堂改进的 30 个行动》，华东师范大学出版社，2011 年版，第 177—184 页。文字有改动。

幼2：我是大海收集的小蓝鱼。（师：说得真好！）

幼3：我是大海收集的小紫鱼。（师：不错，真好！）

师：你们都是大海收集的最棒的宝贝！

无诱导无调整无循环的问答情况，在集体教学中非常普遍。很多教师提出问题后，面对幼儿答不上或回答错误时，教师不能诱导孩子正确理解问题，不能依据幼儿当下状况调整问题，而是急于进入下一环节，放弃问题，使师幼之间的问答没有出现循环。如教师A关注的是如何主导完成预设的教学内容，没有关注幼儿回答的合理性，急于给所有幼儿表扬，并不利于幼儿的思维发展。

二、教师B：有诱导无探询的半循环

问题1：你喜欢收集什么？

（没有幼儿回答）

师：你有没有一些特别喜欢的东西收集起来当宝贝一样藏着的？

幼1：我收集了一块钱，可以去小店买贴画纸的……

师：哦，收集一块钱有意义吗？让我们来看看图画书里的朋友们收集了什么有意义的东西。

问题2：我们做个游戏，老师做大海，你看看书联想一下，你是大海收集的什么宝贝？要说的不一样哦。

（很多孩子回答了）

幼1：我是大海收集的大飞机。（一边说还一边做开飞机的动作）

师：飞机在天上，不是大海收集的宝贝。再想想。（幼 1 不悦地坐下）

幼 2：我是大海收集的海水。

幼 3：大海本来就是海水组成的。（一位大胆的男孩不同意幼 2 的观点）

师：不错，我认为他（幼 3）说的对。你再想想。（幼 2 不悦地坐下）

相比教师 A，教师 B 在发问后的应对有明显不同。一是在无应答时能及时调整，诱导幼儿应答。二是在幼儿应答后给予判断性的反馈。当幼儿在应答出现知识性错误时，教师直接告诉幼儿这是错误的，要求幼儿另找答案。然而教师对幼儿应答只有知识标准的判断，缺乏跟进的探询，使得问答不能继续循环往复、作更深入的探索。这样的师生问答可称之为"半循环"。

三、教师 C：诱导、探询、调整适时运用的螺旋式循环

问题 1：你喜欢收集什么？

（没有幼儿回答）

师：那老师先介绍一下自己的收集吧。我很爱收集各种各样的洋娃娃，有穿裙子的……孩子们，你们爱收集什么呢？

幼 1：我爱收集烂掉的东西。（其他小朋友一阵乱笑）

师：大家别笑哦，很有意思的收集哦，你收集的烂掉的什么东西呢？

幼 1：空的可乐瓶、小树枝、绳子，我用这些做了火

箭呢……

师：哦，你收集的是废旧物品，用这些在做科学实验啊！好佩服你哦，未来的科学家！

问题2：我们做个游戏，老师做大海，你看看书联想一下，你是大海收集的什么宝贝？尽量说的不一样哦。

（很多孩子回答了）

幼1：我是大海收集的海鸥。（该幼儿在画面上看到一只鸟）

师：你的回答有点道理，但是海鸥在大海上空飞的呀？

幼1：我……（幼儿蒙住了）

师：想一想，大海会听到海鸥的声音吗？那大海会收集到什么呢？

幼1：大海能收集到海鸥的歌声。

师：大海收集的这个宝贝真是太棒了。（老师和幼儿都给了这位孩子热烈的掌声）

教师C与前两位老师相比有三方面不同：一是在幼儿无应答时给予支架式的诱导；二是挖掘错误应答背后的真实意愿；三是师幼之间多了轮流的问答，轻松愉快地完成问答过程，这与老师尊重幼儿、创设师幼共同探索的融洽气氛是分不开的。

四、比较分析

同样的问题，产生了不同的问答循环，也产生了不同的教学效果。关键在于教师对师幼问答循环的把握。教师A在问答互动中，非常努力地激发幼儿应答的积极性，但是在无应答或有差错的情况下，教师放弃了进一步诱导或调整。虽然能形成宽松的学习氛围，有利于幼儿学习积极性的培养，但恐怕不利于幼儿思维水平的提高。教师B在问答互动中，非常注重诱导幼儿，但是缺乏探询过程，急于给予幼儿正确的知识，造成幼儿的挫败感。教师C在问答互动中，适时充分地运用了诱导、探询和调整，与幼儿的问答互动形成良好的循环，达成了较好的学习效果。其值得借鉴之处有以下几点：（1）"诱导""探询""调整"的适时运用。（2）不断导向幼儿更高层次的思维水平。（3）在实践反思中把握循环的"程度问题"。

同课异构的研究文章不算少见，但写得好的却不多，原因是多方面的，从研究方法角度说，主要是缺少"比较"。许多写同课异构的文章，往往是孤立地描述不同教师对同一课的不同处理方法。比如同一篇课文的教学，教师A提问设计比较巧妙，教师B分组讨论组织恰当，教师C"做中学"富有成效。这样文章三个主要部分的内容看似各有特点，但由于缺少交集，各说各的，就不能形成一个明确的中心和讨论的焦点，文章就会显得比较散，难以达到一定的研究深度。

《〈收集东收集西〉的师幼问答循环》是研究思路清晰、研究质量较高的一篇文章。师幼问答是一个比较复杂的问题，良好的师幼问答循环涉及多种因素和环节。作者在观察和思考的基础上，提炼出三个关键因素和教学策略：诱导、探询、调整。这三个教学策略的掌握是实现良好师幼问答循环的关键点，也是开展同课异构教学研究的观察点和评价点。有了这三个要素，三位教师的三堂课就有了"可比性"，同课异构的教研活动就能够围绕一个比较明确的主题展开。例文作者指出，很多教师在提问上，总是纠结于提的问题好不好，但实际上教师发起问题后，更重要的是能够根据幼儿的年龄特征、语言和思维发展水平，适时地进行诱导、探询和调整，不断使问题接近或稍高于幼儿的应答水平，引导幼儿在认知、情感、语言、思维等方面发展至更高更复杂的水平和阶段。通过对三位教师执教《收集东收集西》一课的描述和分析，我们可以清楚地看到掌握和运用教学策略的不同水平，对如何改进教学有了比较明确的认识和方向。这就是横向比较的特点和好处。

例文作者最后还提出了一个师幼问答循环的程度问题，如果把教师发起问题作为起点，师幼问答循环到什么程度作为终点呢？怎么把握问答循环的长度和深度呢？这也是教师 C 给我们留下的值得思考的命题。任何一种教学策略的价值作用，都是特定情境下对教学目的、教学内容、教学对象的综合考虑和把握。比较研究，则给我们的教学能力和认识水平的提高提供了一个有效的支架和路径。

（四）比较研究的拓展

上述三种比较方法是"黄浦杯"征文指导活动的主要内容，比较切合教师工作实际，便于寻找研究素材、学习研究方法。在研究现状中，可能更常见的还是横向比较。但是这类横向并列式的比较，往往不是对两三种成效差异显著的研究对象进行比较，而是要对一些看似各有特点各有优势的教育教学现象进行辨析，从更深的层面分析其优劣得失，相对来说研究难度比较大，但研究成果的价值意义可能也更大一些。

**实例
3.4**

数学问题解决：演变、内涵及实践路径 [①]

　　自 1952 年《小学算术教学大纲（草案）》中首次提出"应用题"，并明确 11 种典型应用题，到 2001 年《义务教育数学课程标准（实验稿）》提出以"解决问题"取代"应用题"，使之成为阐述课程总目标的四个方面之一。《义务教育数学课程标准（2011 年版）》（下简称"课程标准"）中，"问题解决"代替"解决问题"，并与"知识技能""数学思考""情感态度"一起阐述总体目标。2016 年 9 月《中国学生发展核心素养》正式发布，"问题解决"作为 18 个基本要点之一，隶属于三个方面中的"社会参与"，与"劳动意识""技术创新"共同组成六大素养之一的"实践创新"。

一、数学问题解决的课标演变

　　（略）

---

① 戚洪祥：《数学问题解决：演变、内涵及实践路径》，《上海教育科研》，2020 年第 11 期，第 88—92 页。

二、数学问题解决的内涵解读

1. 教学目标视角下的数学问题解决。课程标准中用这样的句式进行描述："学会……""初步……""初步学会……"。

2. 认识活动视角下的数学问题解决。课程标准中有这样的描述，"从数学的角度发现问题和提出问题，……获得分析问题和解决问题的一些基本方法"，这里的"发现""提出""分析""解决"具有鲜明的逻辑性、过程性、序列性。

3. 数学能力视角下的数学问题解决。课程标准中有这样的描述，"综合运用数学知识解决简单的实际问题，增强应用意识，提高实践能力"，这是把问题解决作为学生众多数学能力中的一种来理解。

4. 创造性活动视角下的数学问题解决。课程标准中有这样的描述"体验解决问题方法的多样性，发展创新意识"，这是把问题解决作为发展创新意识的一种载体，也进一步说明其自身可以作为一种创造性活动来理解。

5. 教学环节视角下的数学问题解决。课程标准在"评价建议"中有这样的描述，"要重视在平时的教学中进行评价"。

通过以上五个视角的分析，可以看出：（1）课程标准中的问题解决已不是单纯的波利亚认为的解题概念，而是在解题基础上的拓展和延伸，为数学教育注入了一种新的理念。（2）课程标准中问题解决的内涵是多元的，其落地途径更是多元的，给了一线教师更广的实践空间。（3）五个视角的解读均与国内外诸多研究成果相联系，既有理论关照，又能指向明确的实践操作，其现实意义在于：想更好地把握数学问题解决的实质，使之得到有效的达成，应努力加强与实际的数学活动，特别是数学教学实践的有效关联。

三、问题解决的教材编排

（略）

四、问题解决的教学实践

（略）

例文作者原是一位小学数学教师，在长期的科研写作过程中形成了较强的方法意识。在《数学问题解决：演变、内涵及实践路径》一文中，作者以横向比较为主、纵横结合的比较研究方法，对"数学问题解决"做了系统而深入的研究，清晰地梳理了问题的来龙去脉，有很强的逻辑性和启发性。全文四个部分，做了四个领域的比较研究。第一部分从"问题解决"的视角，对新中国成立以来 10 个小学数学课标（或大纲）进行梳理，通过对"应用题""解决问题""问题解决"的演变过程进行分析，明晰问题解决的时代意义。第二部分借助《义务教育数学课程标准（2011 年版）》中关于"问题解决"的描述，从五个不同的角度解读问题解决的内涵，探明问题解决在小学数学教学中的定位。第三部分，以人教版与苏教版两种有代表性的教材对比分析为例，提出用结构化、程式化的编排方式辅之以问题驱动，使学习的场景真实可见，更符合儿童的认知规律。第四部分，基于波利亚的解题思想分析了两个教学实例，从"程式""变式""模式"三个视角提出小学数学问题解决教学的教学策略。

对于科研新手来说，一开始可能做不了这样面广量大、内容繁多的比较研究，但是上文中每个部分都给我们提供了不同的比较思路和方法，涉及课程标准、教学目标、教材编写、教学方法等四个领域和研究角度，比较范围可大可小、可多可少，可以根据各人的不同需要和条件自行选择。

‣ 三、通过抽象概括提炼成果 •

比较分类研究的好处，是能够帮助人们判断不同事物的优劣得失。上文介绍的三种比较方法比较简单，因为只举了包含两三种教材教法的例子，涉及的面比较小，分类看似没有什么问题。但是遇到数量较多的材料、或者对个例的性质难以判断时，进行比较分类研究就会有一定的难度。这时候我们就需要通过抽象概括的思维方式，梳理研究的思路和框架，提炼出自己的研究成果，必要时还要借助某些理论概念构建论文框架，如上文中的"数学问题解决"。

所谓抽象，就是把事物的共同属性、本质特征抽取出来，排除不同的非本质的属性，是一种分析思维。概括则是把个别例子中抽象出来的特征连接起来，形成这类事物的共同属性，应用到同类事物上，是一种综合思维。抽象是概括的基础，概括是抽象的发展，二者在应用中实际上是密切联系、不可分割的。

例如我们要认识椅子这类家具的概念和特征，可以从不同角度予以考察。从形状上看，有方形、圆形、长条形的，还有四条腿、三条腿、一条腿的，有带轮子的、不带轮子的等；从材料上看，有木制的、金属的、塑料的，有软包的、硬面的等；从颜色上看，有红、黄、绿等。排除材料、颜色、质地等非本质特征后，我们确定形状是椅子类家具的基本特征，经过分析，进一步确认椅子由座面和靠背两个本质特征所构成，这个认识过程就是抽象。把抽象出的椅子特征推广应用到其他各种椅子上，这个过程就是概括。

（一）抽象概括的一般思路

对研究素材进行抽象概括，是论文写作初期明确立意、构建框架的重要环节。

每一篇论文都有一个具有一定内在逻辑联系的论述框架，这个论述框架的形成，是研究者对手中所掌握的论文材料深入分析和归纳综合的结果。当论文的逻辑结构初步形成以后，我们就可以将材料分门别类地对应着论文的某个部分或段落，每一部分又分别蕴含着论文的一个分论点，对号入座就形成了论文框架及相应的内容。当论文撰写的思路还没有明确，论文结构还没有成形的时候，我们就要从一定的理念和视角出发，抽象概括出材料分类的标准，作为材料处理的依据和论文构建的起点。

分类标准从哪里来，是无法事先确定的。通过抽象概括进行经验总结，与研究者的实践需要和研究水平有关，需要根据个人不同的情况确定分类的思路，无法提出一个统一的标准。在本书第二讲中，我们看到美国学者把上百种中小学教学模式归纳提炼为四大类共 23 种，这就是从哲学理念出发对教学方法进行分类，抽象程度高，解释力强。我们也可以从中选择一个合适的模式及角度来构建自己的分类框架，但相应地对自身研究能力和理论水平的要求就比较高。一般来说，我们可以通过下列几种思路来实现对材料的抽象概括和分类比较。

（1）按照一定的理论框架形成分类标准。如发现学习与接受学习；分科课程与综合课程；探究性学习、项目化学习、问题化学习、综合主题学习等。

（2）按照一般的教学经验概括事物类别。如愉快教育、成功教育、情境教育、行知教育、青浦数学教改实验、杜郎口中学教改经验等。

（3）按照一定的外部特征来区别处理。如导入新课的方式有概念分析导入、问题情境导入、教师示范导入、讲故事导入、做游戏导入、预习交流导入等。

（4）按照教学过程的阶段步骤来构成框架。如预习策略、提问策略、讨论策略、评价策略、作业策略等。

在上述思路的基础上，我们可以依据研究的主题和内容，进一步细化分类标准，如关于探究性教学策略的研究思路可以有：

（1）按建构主义理论："支架式教学""抛锚式教学""随机进入式教学"；

（2）按学生的学习和认知过程："揭示知识内在联系的策

略""创设问题情境的策略""实践应用的策略""自我评价的策略"等;

（3）按教学目标和内容:"概念探究教学""问题解决教学""综合归纳教学""应用实践教学"等;

（4）按教学方法的表现特点:"情景创设法""学案引导法""问题生成法""长作业评价""微项目研究"等。

对材料进行抽象概括,区分出不同的类别,并不是一定要把所有的类别及材料都写到论文中去,而是把抽象概括作为一种认识和筛选材料的工具手段。有了对材料蕴含的本质属性的认识,作者就可以从众多材料中选取自己所需要的有代表性的某种类型和材料,构成符合研究目的和需要的论文框架及内容。这里要注意的是保持分类标准的一致性,也就是在一篇文章中或一个问题上只能有一个分类标准,这样才能使论文具有内在的逻辑性。一些教师的论文看起来比较杂乱,一个重要原因就是没有一个明确的分类标准和筛选思路,所举例子有时单个看还不错,放在一起则随意松散,前后不连贯甚至互相矛盾,不能形成有力的论证。

实例 3.5　学习困难学生的教学策略研究

第一种思路

1. 专家教师比较重视的教学策略:

（1）了解和诊断学生的学习基础；

（2）提出适当的有针对性的教学要求；

（3）及时的反馈矫正和个别指导。

2.新手教师比较重视的教学策略：

（1）注重课堂纪律和学习常规；

（2）注重思想教育和动机激发；

（3）注重家长的积极配合。

3.防治学业不良的有效策略：

（1）有针对性的群体教学和个别辅导；

（2）有相应教学方法配合的动机激发。

第二种思路

1.防治学业不良的理论基础：布鲁姆掌握学习理论。

2.防治学业不良的主要方法：目标教学和个别指导。

3.防治学业不良的动力机制：适当的非认知因素教育。

4.防治学业不良的保障条件：各科教师及家长的配合。

实例3.5来源于原上海市教育科学研究所的一个有影响力的课题"学习困难学生的教育对策研究"。当时在一所薄弱初中的调研基础上，课题组收集归纳了学校教师对于转化"差生"的各种方法策略。为了从中提炼有效策略，课题组以"好教师"与"一般教师"的差异作为分类标准，比较研究了两类教师所用方法的异同。结果发现，好教师比较重视有针对性的教学方法，而一般教师则更重视影响学生学习的情意因素。在这个经验概括的基础上，课题组提出了以掌握学习的教学策略与心理辅导教育相结合的教育教学对策，取得了很好的成效。如果要把这个初步的研究成果写成论文，可以有上述两种不同的论文思路和框架。

不同的抽象概括思路，可以产生不同的分类结果，形成不同的论文结构，以达到不同的研究和表达的目的。在上述两个例子中，后一种较前一种显然更为抽象概括一些。抽象程度较高的分类，偏重于揭示教育教学的一般规律和原理；而抽象程度较低的，则有利于联系教学实际来说明问题。研究者可以各取所需，提炼出不同的论据类别和论述思路。但是不论从什么角度来整理材料，都离不开一定程度的抽象概括，都有一个同中求异、异中求同的过程。经过对材料的"深加工"，我们对问题的认识就由表及里，从现象到本质，不断深入和清晰，最终为形成论文的核心观点和理论框架奠定牢固的论证基础。

（二）抽象概括的角度和层次

抽象概括是一个从具体到抽象、从个别到一般的归纳思维过程，对于科研新手来说，是有一定难度的。我们可以从实践基础出发，逐步形成归纳材料的思路。

先把手头自认为较有价值的实践材料罗列出来，然后再看能否用精练的或学术性的语言来概括这些做法所蕴含的价值。当这些日常的具体的做法被赋予抽象的意义时，我们就会产生分类的特点和思路。比如课堂改革的许多做法，可以从提升核心素养、落实课程标准、完善单元设计、提炼大概念、促进教师专业发展等不同角度来思考，看自己的实践比较符合哪个主题或领域，主要解决了什么问题，再依据不同领域特点分析类别及其特点，然后逐步在比较中发掘出先进经验。

对实践材料的抽象概括，实际上就是提炼经验。从哪个角度提炼实践经验，主要是看这项研究要解决什么问题、得到了什么成果。根据研究的问题和主题，应该比较容易确定抽象概括的视角。如果说对自己所研究的问题和主题还不明确，那说明作者还不具备论文撰写的研究基础，就需要进一步阅读材料、理清思路。

实例 3.6.1

"苔花如米小，也学牡丹开"

1. 艺术就成长
2. 艺术促自信
3. 艺术立生涯
4. 体育生活化
5. 体育多样化
6. 体育职业化
7. 生活体育化

用体艺引领人生，用体艺成就人生
——"融教育"办学理念引领下的体艺教育

一、"融教育"办学理念引领下的体艺教育实践背景

1. 心理融入障碍

2. 行为融入障碍

3. 学习融入障碍

4. 家庭教育融入障碍

二、"融教育"办学理念引领下的体艺教育实践研究

1. 理性思考：将体艺作为实施"融教育"理念的载体

2. 实践探索：用丰富的体艺拓展课让随迁子女融（上海）得精彩，回（家乡）得成功

（1）"阳光体育类"拓展课程群——高尔夫、柔摔、笼式足球、毽球，掌握体育技能，拥有强健体魄。

（2）"人文艺术类"拓展课程群——麦秆画、水墨吹画、教育戏剧、生存宝典、行进管乐、将棋、围棋，提高审美能力，提升生活品位。

3. 价值显现：体艺促自信，体艺育审美，体艺立生涯

4. 反思提升：目标求适切，评价要多元，保障须到位

"融教育"办学理念引领下的体艺教育 [①]

一、"融教育"办学理念引领下的体艺教育实践背景

1. 心理融入障碍

2. 行为融入障碍

3. 学习融入障碍

4. 家庭教育融入障碍

二、"融教育"办学理念引领下的体艺教育实践研究

将体艺作为实施"融教育"理念的载体，用丰富的体艺拓展课让随迁子女融（上海）得精彩，回（家乡）得成功。

1. 自我认知能力培养（毽球、教育戏剧、生存宝典）

2. 人际交往能力培养（笼式五人制足球、行进管乐）

3. 优秀道德品质培养（高尔夫、柔摔、麦秆画、将棋）

三、"融教育"办学理念引领下的体艺教育价值与反思

1. 价值显现

2. 反思提升

---

① 吴鸿春：《"融教育"办学理念引领下的体艺教育》，《上海教育科研》，2023 年第 9 期，第 80—84 页。文字有改动。

上述三个论文提纲呈现了一篇学校教改论文的构思提炼过程。东辽阳中学是上海市杨浦区一所普通的公办初级中学，生源 90% 来自外来务工人员随迁子女。在教育公平观念的引领下，学校提出"融教育"的办学理念，以体艺教育为突破口，帮助学生在学习、生活和心理等方面与本地城市环境相融合，促进其健康而全面的发展。经过几年的努力，学校取得了较好的办学成效，先后获得上海市文明校园、市行为规范示范校、区首批新优质学校等称号。在教改实践的基础上，校长撰写了一篇经验总结型的论文。

这篇文章从初稿到定稿修改多次，其中比较大的结构变化有两次，即形成了上述三个提纲。从经验提炼的角度看，第一稿的抽象概括程度很低，只是简单梳理了学校体艺教育的实施概况和初步感受。具体分析科研写作存在的问题，首先是缺少教改实践的问题背景和研究目标；其次是罗列了几种做法，但没有从中提炼出实践研究的内容和经验。经编辑部与作者沟通之后，第二稿有了较大改进，提出了一个由"实践背景、实践研究、成效与反思"三部分构成的论述框架，基本上在形式上有了一个论文的逻辑结构。第二稿的缺点在于研究深度不足，主要问题是文章的主体部分不能有效回应第一部分所提出的问题背景，缺少论述的内在逻辑。单纯从"阳光体育类"和"人文艺术类"角度介绍两类课程的内容，没有体现本研究的本质特征和意义价值。

受阅读文献和思维定势的影响，许多作者撰写这类课程改革研究文章很容易形成一定的套路，即按文、理、体、艺等学科特点或必修、选修、活动等课程类型分类，构建一个所谓多元组合的校本课程体系（或称图谱）。如果按这个思路修改，本文也可以继续细分科目或重组课程，描述一个"以学生发展为本"的体艺特色校本课程。但是这种形式上的变化，一方面与一般学校的校本课程建设没有明显区别，另一方面仍然没有解决文章第一部分与第二部分脱节的问题。经过进一步的讨论、思考和修改，作者提交了第三稿。

这一稿的重要变化，是提炼了三个课程目标和相应的内容组合，即构建了"自我认知能力培养""人际交往能力培养""优秀道德品质培养"三个板块。新的论述框架摆脱了从知识、技能角度进行课程分类的套路，从随迁子女心理健康和人格发展角度强化了学校体艺教育的目的和路径，有针对性地回应了第一部分提出的成长问题，突出了学校"融教育"的内涵和特色。有了这个新的思路，论文中对体艺课程的介绍就不再局限于学科知识和专业技能的掌握，而能够围绕"融教育"理念来解读各项教改实践的作用和经验。比如"高尔夫"关注了学生的语言、仪表和行为举止，"行进管乐"培养了合作能力和团队精神，"教育戏剧"及对外演出帮助学生克服社交恐惧心理，增进了自信心和凝聚力等。这些不同学科和专业的学习活动，都起到了让随迁子女融入大都市生活的积极作用。一个好的提炼角度，起到了纲举目张的作用。这篇论文的修改过程，说明了经验提炼要紧扣研究主题才有逻辑力量，抽象概括不仅是说理层次的提升，而且是前后论述一致性的要求。

"愉快教育"的理论构建

上海一师附小是"愉快教育"的探究者和发源地。上世纪 80 年代中期，学校领导和教师开始系统总结多年来开展"愉快教育"的教改经验。课题组的老师们收集了大量的实践资料，包括办学思想、学校管理、师生关系、课堂教学、课外小组、少先队活动等各个方面。通过对材料的初步整理，他们感到：一师附小的教改实践以"愉快教育"的理念为引导，有关成果已经反映在学校教育教学的方方面面，如果按照有关工作条线分别展开论述，也可以形成一篇较好的经验总结报告，但是这样写，似乎又没有充分地体现出一师附小的教改特点。怎样才能使研究成果更好地体现出"愉快教育"的个性特点呢？在原上海市教科所科研人员的指导和帮助下，学校领导和老师们又对各部分的经验材料进行梳理和思考，发现其中有一些共同点。于是研究者们形成了新的思路，比较对照各个领域的实践材料，着重对其中蕴含的共同点进行分析研究，最后概括提炼出"愉快教育"的几个要素，即：爱、美、兴趣、创造。由此，一师附小丰富的教改实践材料通过"四要素"的抽象概括，构成了有比较鲜明的个性特征的愉快教育理论框架。

材料与主题实际上是一种互动关系，我们可以依据既定主题提出分类标准，也可以依据经验提炼的结果来修改研究目标。分类就是要依据特定的目的寻找合适的连接点，异中求同，同中求异，使分散的材料组成不同抽象层次的逻辑结构。上海一师附小是名校，名校办学历史长，经验材料更为丰富，往往提炼难度也更大。上述两个学校教改成果的提炼过程给我们的启发是：写论文，特别是实践材料丰富、撰写篇幅较长的经验总结和研究报告，需要在核心理念与具体做法之间建立一个概念框架。这就是归纳思维的体现和经验总结的方法论。

对于材料的归类，首先要做到逻辑关系清楚，各个类别之间没有交叉重叠；其次要有一定的认识深度，要根据各类材料的内涵，提炼出能够反映材料的意义和价值的抽象概念。抽象的程度可以根据研究和写作的需要而定，或偏于学理阐述，或偏于实践形态。但一般而言，如果要撰写有一定深度的学术论文，分类的标准不宜局限于材料的外部特征，而要有一定程度的概括。因为只有使大量的材料脱离表面的具体形态，上升到某种抽象程度的意义层面，才能充分揭示材料所蕴含的内在意义，并与抽象的论文主题或中心论点形成恰当的对接，从而构成一个有自身特点的理论框架。

当然，如果写一篇教学体会性质的短文，介绍一些操作性较强的教改经验和做法，从便于他人模仿借鉴的角度说，根据材料的外部形态来分类也是可以的。但是不论偏重抽象意义还是具体形态，都要对所获材料进行整理加工，使之成为一个有条理、有层次、有中心的逻辑体系。

第　四　讲

假设与验证：
基于演绎的实证研究

前三讲主要介绍了归纳思维在经验总结方面的体现和应用，即从具体的、个别的、特殊的例子中归纳提炼出抽象的、一般的、普遍的认识和原理，包括经验总结的研究思路和写作方法。本讲我们要讨论另一种重要的思维方式及其表现，即演绎思维的应用。

归纳思维与演绎思维是两种基本的推理方法，它们都可以从已知的前提中得出结论，但有着不同的特点和应用场景。归纳思维是从一个个观察的样本中得出概括性的结论，是基于一定的概率和可能性推出结论，不一定具有必然的绝对正确的认识。比如"天下乌鸦一般黑"就是一个归纳推理的结果，但是这类研究结果忽略了没有观察到的特例和反例（如白色的、灰色的乌鸦），所以结论就不一定完全可靠。演绎思维是从一般性前提推出个别性结论，是基于普遍原则或规律推断出特定情况下的具体结论。只要前提是真实可靠的，结论也就必然成立，这就是亚里士多德提出的著名的三段论推理。如已知大前提"所有人类都是动物"、小前提"约翰是人类"，所以"约翰是动物"。

总体上说，归纳思维更多地关注实地观察和经验积累，即从现象到本质；而演绎思维则注重逻辑推论的严谨性和确定性，即从理念到现象。两种思维和推理的方法各有所长，在教育科研领域都发挥了重要的作用。基于演绎思维的研究也有两种基本的路径：一种路径就是做纯理论的学术研究，通过引经据典的逻辑思辨方式得出比较有说服力的结论，建立比较严谨的学科体系，如许多高校专家学者的"做学问"；另一种就是中小学教师所做的行动研究和实证研究。假设与验证则是这类研究的两个方法要素。

▸ 一、行动研究 ◂

行动研究是 20 世纪 80 年代被引入国内的一种研究范式，是一种教师在日常工作环境中为改进自身专业实践而进行的研究。其蕴含的"为行动而研究，在行动中研究，由行动者研究"的理念，颠覆了以往中小幼教师作为一种被动的研究对象的境遇，使得"教师成为研究者"有了比较系统的理论支持，很快被广大教师和研究者接受。行动研究具有一定的操作程序，但带有一般科学方法论的特点，对教师参与实践研究来说，更多地体现为改变研究理念和思维方式的作用。但在实际应用中，行动研究并不能与观察法、调查法、实验法、文献法等研究方法并列，作为一种具体方法独立运用，而是需要同其他方法综合使用。由于行动研究的内涵比较丰富，学术界对其性质的看法不一，对其方法运用的解读也不尽一致。

（一）行动研究与实践研究、经验总结

一般来说，行动研究的方法特点主要体现在研究过程上，其步骤通常包括"计划—行动—观察—反思"等几个阶段，各家说法可能不太一样，但过程和环节大体相同。从研究现状看，虽然教师参与的热情比较高，涌现的成果也比较多，但总体研究水平和状况并不理想。究其原因，可能与研究者的思维方式和研究方法没有真正转化有关。

目前学校教师开展课题研究，只要是遇到填写表格或汇报成果的场合，一般都说自己应用了"行动研究法"，但是仔细了解情况后我们就会发现，有关研究多半属于经验总结范畴。普遍存在的一个认识误区是，课题研究者把"行动研究"理解为"行动就是研究"，通常的说法是"我们一直在做（研究）"。更确切地说，"一直在做"的意思是，这些教师研究者"一直在思考、改进自己的教学实践"。说到这里，我们会发现，"行动研究"已经被理解为"实践研究"，在某些情况下，很可能只有"实践"而没有"研究"。

那么行动研究与实践研究的区别在哪里呢？我们在前三讲已经提到经验总结是实践研究的一种主要方法，行动研究看似与经验总结比较相似，都是教师的实践研究，但是二者的思维和研究方式有很大的区别。从思维方式上看，经验总结是一种归纳思维，而行动研究则是演绎思维，或者因为行动研究要与其他方法综合运用，所以是一种归纳与演绎综合运用的混合

思维范式。归纳思维是从现象到本质，演绎思维则是从理念到现象。所以，行动研究的起点不是教师的直觉感悟，也不是材料的积累提炼，而是要从解决问题的理念和假设开始。这个理念和假设可以借助某个现成的理论，也可以来自研究者的经验提炼，但都需要有一个相对明确的所要研究解决的问题，以及解决问题的具体设想。从研究方法角度看，行动研究的路径类似于一种准实验研究，强调对研究设想的设计和验证。从研究现状看，教师的实践研究一般只有一个大略的研究意图，研究计划大多是有关人员的组织配备和日程安排，至于具体的研究目标和内容多半是"做"起来再看，缺少行动研究所应具备的"假设＋验证"的研究要素。

扼要地说，经验总结是做过了再想，行动研究是要想好了再做。我们许多貌似行动研究的课题，往往是到交报告时才认真思考前一阶段自己"做"了什么行动、有什么成效和体会等，这就应该属于"经验总结"而不是"行动研究"了。

为了更清楚地说明行动研究的方法特点，下面提出一个由五个步骤组成的行动研究路线图。

图4.1 行动研究路线图

教育问题往往是复杂的，研究和解决问题不是一蹴而就的，图 4.1 中五个步骤也不是一个简单的闭环。第五步"改进"之后，可能又会遇到新的"问题"，由此形成一个螺旋形上升的研究和发展过程。

（二）行动研究的实施要点

在行动研究的过程中，问题与设想、反思与改进，可以看作两对关键环节。首先，行动研究需要有一个明确的研究问题和解决问题的设想；其次，有计划有步骤地在研究过程中落实和验证原有的设想；最后，依据实践和检验反思原有的设想并调整改进，直至问题的解决或研究结论的形成。在这个研究过程中，是否有一个比较清晰明确的、可供实践检验的研究设想，是体现行动研究特点及功能的关键。

1. 问题与设想

教师开展课题研究一般都有研究的对象和问题，但往往失之于空泛，难以支持行动研究的有序开展。许多课题方案中提出要培养学生的某种能力，然后设计了一系列的研究步骤，如调查目前存在的问题和困难，分析教学现状存在的问题，分析课标新教材的教学要求，分别探索不同情境不同内容的教学策略，形成有效教学的案例和模式等。但常见的结果是，结题报告洋洋数千言，却并没有提炼出行之有效、可供借鉴的教学策略和模式。产生这种现象的原因是多方面的，一个重要的原因是，研究的主持者从一开始就没有形成如何培养学生某种能力的基本设想，所谓的调查、分析、探索、形成，其实是让课题组成员各自揣摩、各行其是，最后既没有构成行动研究，也没有做好经验总结。行动研究要想好了再做，因此研究主题不能太泛，要有一个相对明确具体的方向和设想，包括初始阶段的调查研究、文献研究等，都要为梳理研究思路、明确研究假设做好铺垫。

追回丢失的"0" ①

一、学情透视：没有"0"的尴尬

学生学习"除数是一位数笔算除法"时，不少同学的答案中，商中间或末尾的"0"不见了，错误率高。一个学生这样说："商写在哪一位上到底由谁确定？我一直有点搞不清。"如问学生"题目中的商 2 为什么要写在十位？"大部分学生只知道"百位不够除，要看被除数的前两位，除到十位，2 就写在这里了"。由于有的孩子的"计算程序"不完善，出现了十位的商却写到了百位上这种商的"定位错误"，计算错误率较高的还有"商中间或末尾有 0"的题目。值得一提的是，三年级期末计算测试中，有一道两步脱式计算就"藏"有"商中间有 0 的除法"，即使学生经过期末复习，该题全段计算错误率还是达到了 20% 左右。

---

① 选自刘永军：《追回丢失的"0"》，原载于张肇丰、李丽桦：《课堂改进的 30 个行动》，华东师范大学出版社，2011 年版，第 12—15 页。

我曾做过两次调查访谈。第一次是对已学过该知识的四到六年级36位学生的问卷调查及部分学生的访谈。结果为：除少数几个优等生外，绝大部分学生已不知道笔算除法各部分的含义，只将其作为一种"计算程序"自动化运行，等同于"电子计算器"。就是"商—相乘—相减移下—再商—相乘—相减移下"。竖式下方"末尾没有0的数"表示什么含义已不清楚了。

第二次访谈是对三年级刚开始学习笔算除法的51位学生的课堂问答。结果如下：（1）书写格式不习惯。学生说："得数（商）为什么写在竖式的上方？""除法竖式的写法和'加减乘法竖式'不同，不习惯。"（2）想得较慢，感觉难。"除法竖式需要好几步才能算好，一开始计算时想得比较慢，感觉难。像这题的被减数减了2次才变成0。"有的学生思考时还停留在表内除法，直接导致商的定位错误。（3）为什么高位算起。一位学生质疑："加减乘法都是从右往左算，除法竖式为什么要从左往右算（高位算起）？"我会永远记住这位女同学的名字——蒋尉蔚，是她给了我"商叠加书写"的灵感。

二、教学扫描："0"是怎么丢失的

针对上述问题，我对本校18位数学任课教师进行了"对于笔算除法，平时在课堂或辅导中你怎样教"的问卷调查，得到以下两种具有代表性的教法。

1. 法则为主：从没见过"0"。这些老师有的直接教学法则，有的先简单说明算理，然后得出计算法则：除数是一位数的除法，从高位除起，先看被除数的前一位，前一位不够除，就看前两位。除到哪一位就把商商到哪一位，余数小于除数，学生按照法则进行计算。

如：

$$
\begin{array}{r}
2\ 1 \\
2\overline{\smash{\big)}\ 4\ 2} \\
\underline{4}\ \\
2 \\
\underline{2} \\
0
\end{array}
$$

.... 可以商 2 个十，2 写在十位上。

.... 二二得 4，表示 4 个十。

.... 2 移（拉）下来。

这些学生从一开始学习就没有见到过"0"。

2. 算理为主：匆忙省略"0"。第一课时教学时，老师们先让学生将被除数拆成整十数和一位数，利用课件"小棒等分"演示算理，得出"横式分拆"，然后结合理解竖式每一步骤的算理。之后，教学生将竖式"简化"。一般会说："为了书写方便，0 省略不写，商 2 写在十位上表示 20，4 表示 4 个十。"之后按照简化竖式进行练习。

$$
\begin{aligned}
42 \div 2 &= 21 \\
40 \div 2 &= 20 \\
2 \div 2 &= 1
\end{aligned}
$$

$$
\begin{array}{r}
2\ 1 \\
2\overline{\smash{\big)}\ 4\ 2} \\
\underline{4\ 0} \\
2 \\
\underline{2} \\
0
\end{array}
\longrightarrow
\begin{array}{r}
2\ 1 \\
2\overline{\smash{\big)}\ 4\ 2} \\
\underline{4}\ \\
2 \\
\underline{2} \\
0
\end{array}
$$

三、诊断分析：原因与结论

根据学与教的情况调查，我尝试对问题产生的原因进行了分析。

1. 教材编排方式导致学生对书写格式不习惯。相对于加减乘法竖式，"另类"的笔算除法给了学生强烈的视觉和思维的冲击。虽然教材做了一些铺垫，但看来效果不是很理想。

2. "囫囵吞0"的简洁书写格式是罪魁祸首。问题出在我们的教学当中，老师过多地看重其外在的工具性。我们教学时遗失了笔算除法的本质——除法含义的理解，只采用拿来主义，学着教材将较复杂的算理和竖式简化都在同一课时教了。这样过度强调简洁格式，"囫囵吞0"，反而冲淡了对算理的理解。而"法则为主"的教法更是直接将"最简洁的笔算除法"作为一种"书写格式"教给了学生。学生逐渐成为只知其一不知其二的解题机器，像"商中间或末尾有0"计算程序出错导致错误率高也就不足为奇了。

3. 不能回避为什么要从高位算起的疑问。"加减乘法都是从右往左算，除法竖式为什么要从左往右算（高位算起）？"这也许是个别学生才能想到的问题，而一旦被提出却能得到大部分学生的共鸣，同时也击中了我们教学的软肋，因为这也是令老师们头疼的问题。

课题研究在起始阶段要不要做调查，怎样做调查，实例 4.1.1 提供了一个富有启发性的样例。这项研究并没有设计实施大而全的问卷调查，只是简单而有针对性地分别向学生和教师询问："做商中间或末尾有 0 的题目为什么容易出错？""对于笔算除法，平时在课堂或辅导中你怎样教？"由此找出问题所在，思考解决方案。根据访谈调查的结果，研究者（一位小学数学教师）对问题产生的原因有了比较清晰的认识，即学生和教师都不太重视算理的理解而偏重解题格式的套用。与此同时，研究者还从访谈中得到了解决问题的灵感，即"商叠加书写"的解题方法，为下一步的行动研究确立研究目标。上述调查看似不太正规、不太全面，但有很强的实践针对性，比许多貌似科学的问卷调查及数据分析更符合教师实践研究的特点和需要。这里的关键点在于，这位小学数学教师确实有"真问题"需要解决，他的访谈调查不是为了把文章写得更像专家的研究，而是真的在寻找改进教学的思路和方法。

　　现在许多学校课题都安排了调查研究的环节，由于研究的问题和目的不明确，往往是为调查而调查，没有切实起到发现问题、指导研究的作用。作为一项行动研究，需要有一个比较明确具体的解决问题的具体假设。前期的调查研究和文献研究，其作用就是为研究假设提供理论和实践的依据。比如要研究促进高阶思维或深度学习的课堂教学策略，不能笼统地把研究目标定为"探索促进深度学习的课堂教学策略，提升学生的高阶思维能力"，而是需要澄清促进深度学习有哪些策略，本研究对不同策略的特点和局限有什么了解，准备从哪一种策略入手或以哪一种为主来实施行动研究。"为行动而研究，在行动中研究，由行动者研究"，先进的理念不仅是一句口号，而是需要在实践中理解和落实。

2. 反思与改进

依据行动效果反思改进，是构成行动研究的重要环节，也是行动研究与实验研究的主要区别。行动研究的目标明确之后，实施的过程相对比较容易设计，我们可以将研究设想进一步细化为研究内容，构成行动研究的不同阶段和步骤。有问题就会有解决问题的设想，有设想就可以转化为相应的行动，有了行动就可以检验效果，并根据效果进一步反思改进。一般来说，一项行动研究至少要有两轮的验证和改进环节。

实例 4.1.2

历时三年追回丢失的"0" [①]

一、第一年的实践探索

原以为只要学生掌握了"横式分拆"的方法，就会顺理成章地将算理和思考过程迁移到"笔算除法"之中。但是两种算法的思路冲突，"迁移"失败了，只能重新从除法竖式的角度展开教学。有一点改进，"追回竖式下方的0"成功了。竖

---

① 选自刘永军：《追回丢失的"0"》，原载于张肇丰、李丽桦：《课堂改进的30个行动》，华东师范大学出版社，2011年版，第15—19页。标题文字有改动。

式下方本来要省略的"0"没有在第一课时进行，直到第 4 课时才提起，而且没有强迫，而是让学生自主选择保留还是省略，学生对算理的理解掌握较好。算是有一点值得安慰了。

二、第二年的实践探索

第二年正好重教三年级。在去年实践和学生访谈的基础上，寻根溯源，对原来的疑问重新进行了一次梳理和思考，尝试教学"追回商中的 0——叠加书写"的原始竖式，解决了算理和难点问题。主要过程有以下几步。

1. 原始呈现，两种算法并存。（例题为 42÷2，情景为 42 人分 2 组。）要让学生明白，应牢牢抓住"能分出整百数吗，能分出整十数吗，能再分吗？"来进行解答。第一课时不要求学生简化，就用"较复杂原始"的算法进行练习。两种算法可以同时存在，但是一定要孩子掌握"高位算起"的笔算除法。

2. 讨论两种算法的利弊，做出合理选择。（例题为 448÷8，情景为 448 人乘 8 辆车。）从高位算起遵循"先分多，再分少"的原则，所以更加简洁。如果从低位算起，学生看到个位的 8，一般马上会在个位商 1，这样就导致需要商三次，反而变得复杂。在练习和比较中，学生能体会到为什么从"高位算起"更加方便，从而做出合理的选择。

3. 突破"商中间或末尾有 0"的教学难点。

商中间有0		商末尾有0	
$\begin{array}{r} 3 \\ 100 \\ \hline 3)\overline{309} \\ 300 \\ \hline 9 \\ 9 \\ \hline 0 \end{array}$	$\begin{array}{r} 8 \\ 200 \\ \hline 4)\overline{834} \\ 800 \\ \hline 34 \\ 32 \\ \hline 2 \end{array}$	$\begin{array}{r} 40 \\ 100 \\ \hline 3)\overline{420} \\ 300 \\ \hline 120 \\ 120 \\ \hline 0 \end{array}$	$\begin{array}{r} 40 \\ 100 \\ \hline 4)\overline{562} \\ 400 \\ \hline 162 \\ 160 \\ \hline 2 \end{array}$
商即为 100+3=103。	商即为 200+8=208。	商即为 100+40=140。	商即为 100+40=140。

从上面四个例题可以看出，"原始竖式"虽然复杂了点，但是学生很自然地"走"过了我们一致公认的"商中间或末尾有0"的难点，而且也省去了教材中"0÷3=0"步骤为什么隐去的说明。

三、第三年的实践探索

第三次实践研究的重点是："商叠加书写"更趋向"以生为本"。校长和教研员评价：听了这么多年课，从来没有想过除法竖式的商可以这样写，除法算理可以这样来理解。而且，学生有了多次均分的思想之后，后面两三位数除以一位数的所有算式都可以迎刃而解。笔者将实践历程写成论文，获得市一等奖。经过12次课堂教学展示和研磨，我们惊喜地发现，学生进行笔算除法时有其独特的思考路径。

上述案例比较清晰地呈现了行动研究的特点，具体体现在"问题与设想""反思与改进"两个基本环节上。行动研究，盲目行动是不行的。行动研究要取得成效，一是行动要有依据，二是要有对行动的反思改进。就如"商叠加书写"的三年教改试验，每一年都有对问题的新认识、新实践，这就是行动研究的理论和实践依据。第一年的设想是"横式分拆"迁移到"笔算除法"，让学生掌握除法的算理，效果不太理想；第二年重新设计了研究目标"商叠加书写"教学，取得初步成功；第三年进一步提炼完善了学生的解题思路，并在全市介绍推广教改经验。由此形成两轮以上的循证研究，使得教改实践不断推进，呈现一个螺旋形上升的趋势。

对教学成效的检验可以分为定量和定性两种类型。一种成效是可以精确测量的，通过数据统计分析来说明效果，如测验考试或心理测量的分数。上文中提到由于"丢失的0"，学生计算错误率达到 20% 左右，那么改进后的教学是否能够降低计算错误率，就可以作为判断研究假设是否成立的一个依据。另一类就是定性分析，由于许多长远的多元的学生发展不能简单地用分数来衡量，因此需要通过其他途径来考察效果，如运用观察、访谈、体验和描述等方式来确定效果，比如对听课评课中的学生表现、同行反馈、专家评价等方面的描述和讨论。

捆绑式的小组合作学习 ①

一、同样的"合作学习"，不一样的效果

经过多年实践，我校生命科学学科已形成"课堂演讲""主题调研"等有特色的"合作学习"项目。我们设想：高中课堂气氛很沉闷，几乎没有学生愿意主动站起来回答问题。既然小组合作式的"课堂演讲"产生了那么好的效果，能否推广应用到课堂"问题学习"中去？结果却没有达到预期的效果。

回顾操作过程：以座位就近原则，将6～8个学生分为一个学习小组，课堂上对教师提出的核心知识开展合作学习，并由小组代表作汇报交流，课代表记录小组成绩。

实施效果观察：学生的学习积极性没有被充分调动起来，能主动站起来回答问题的学生只是为数不多的几个学科尖子生，没有充分发挥全体组员的参与积极性。

二、影响"合作学习"效果的原因分析

对照"课堂演讲"的实施经验，分析"问题学习"中开展合作学习的低效状况。（1）分组不合理，分工不明确。以课堂原有座位安排分组，组间的学科学习水平可能存在较大差

---

① 选自陈红梅：《生命科学课上的"小组合作学习"》，原载于张肇丰、李丽桦：《课堂改进的30个行动》，华东师范大学出版社，2011年版，第157—162页。标题文字有改动。

异。（2）任务没预告，准备不充分，讨论浮于表面。（3）课堂上还是以教师讲解为主，因教学时间较紧，穿插的一些讨论不够深入。（4）由于小组合作式学习的评价、激励机制没有及时跟上，学生参与的积极性不高。一些缺少学习领头羊的小组，索性放弃小组比赛。

三、反思后的再实践

1. 重新分组，明确分工。遵循"组间同质，组内异质"的原则合理分组，每个"学习互助小组"要有 1～2 个学科尖子，男女比例恰当，座位相对靠近，人数 6 人左右。合理的分组为全班各小组之间的公平竞争打下基础。每组选出组长、副组长，负责小组的学习分工并做记录。

2. 改变教学模式，促进合作学习。尝试运用导学单，让学生在课前先做预习，对核心问题进行独立思考，为开展合作学习作好准备。教师再根据教学内容和预习情况，设计好讨论的问题，给学生留出充裕的讨论时间。教学模式的转变是有效开展"合作学习"的基础，设计适宜的问题是有效开展"合作学习"的关键。

3. 形成评价机制，激励小组合作。重新设计了《学习互助小组每周学习情况考核表》，以小组总成绩作为奖励或认可的依据，形成"组内成员合作，组间成员竞争"的格局。记录小组课堂表现、作业、检测、抽查等几个方面的情况，每周结算并公布一次。对累计得分高的小组予以表扬，累计得分最低的小组成员双休日多一份额外的作业，就是每位小组成员出一份"每周抽查卷"，内容主要是根据本周学习中重要知识点自编五道独创的选择题。老师根据小组成员出小练习的认真程度和质量高低为这一小组打分，记入下一周的抽查成绩。同时，这份小练习又是作为下一周其他小组同学的抽查练习。由出卷小组组长随机抽取其他每个小组的一位成员进行检测并批改，抽查同学的得分作为这一小组下一周的抽查成绩。对高中生而言，他们更需要精神层面的奖励，所以，不要小看了每周"合作小组"成绩统计和公布这一环节，报一下小组分数，能起到很好的激励作用。而对得分最低的小组布置一点额外的作业，可有力地推动小组间的相互竞争。

四、意想不到的效果

由于实行了小组捆绑式评价，并有相应的激励措施，课堂学习气氛出现了可喜的变化，高中课堂中几乎绝迹的抢答现象又重现了！

为了促进全体学生的共同参与，避免课堂内少数优秀学生霸占话语权的现象，我们又规定了一节课内同一位学生的回答不能超过两次。当一位学生回答过两次又站起来抢答的时候，其他组的同学马上会喊起来："他已回答过两次了。"课堂上常常出现几个小组的成员同时站起来回答问题的现象，往往会因为哪个组的同学先站起来的问题而争论起来。同一小组的成员间则会出现相互鼓励、一人回答不全面其他组员站起来补充的局面。真想不到，高中课堂竟然也可以这么活跃！

上述"商叠加书写"和"小组合作学习"两个实例，共同的特点是"问题和假设"都比较明确，都能够有针对性地从一个解决问题的具体设想出发开展教改实践，这是构成行动研究的前提。两个实例都有多次检验和改进的环节，实施了两轮以上的循证研究，这是行动研究得以持续的条件。二者之间也有差异，就是验证环节的方法有所不同，"商叠加书写"的研究结果比较容易精确计量，其成效可以较多地从学生做题的差错情况来观察和统计。"小组合作学习"的成效不容易计量，就需要更多地从课堂观察中搜集证据，包括学生语言、行为、表情以及课程气氛的观察和描述等。基于证据的反思和改进，构成了完整的行动研究。

3. 混合式的研究

行动研究作为一种研究范式，主要体现为一种研究观念和路径，并表现为多种具体研究方法的综合运用。另外，教师的行动研究在日常工作中开展，研究过程中会有许多不确定因素，研究过程往往不能按原有的假设顺利进行，因此在研究方法的运用上有较大的变数，需要根据实际情况灵活运用、交替结合运用。

实例
4.1.3

实践背后的理论依据 ①

"商叠加书写"这样的设计和教学可以吗？别人是否有过

---

① 选自刘永军：《追回丢失的"0"》，原载于张肇丰、李丽桦：《课堂改进的30个行动》，华东师范大学出版社，2011年版，第21—24页。实例标题为原文中的小标题。

这样的尝试？曾在百度和中国知网上进行搜索，结果一无所获。我在苦苦思索中找到了"除法含义"和"试商"两个理论加以支撑。后来在"书圣大学堂"活动后，新昌的贾老师推荐阅读北京师范大学出版社出版的 J. L. Matin（马丁）编著的《教与学的新方法·数学》一书，我才如释重负，有一种找到家的感觉。

我们一般都知道"除法是乘法的逆运算"，其实，除法还有另一层含义，就是"求相同减数个数的简便计算"。我们可以利用图形和算式结合理解。关于"试商"一词，教材在教学"除数是两位数的笔算除法"时才特别加以强调，因为前面的教学内容已经将别的基础打好了，"试商"成了教学重难点。其实，"试商"一直贯穿在整个笔算除法教学之中，只不过"表内除法""除数是一位数"及"除数是整十数"的试商较为简单。我让"试商"从"除数是一位数的笔算除法"开始就走到前台，只为让学生更好地理解算理，直面"低位除起"，突破"格式书写不习惯"和"商中间或末尾有0"的教学难点。

"商叠加书写"较好地诠释了试商原理，总结体现这个原理的教学经验，我认识到例题需要满足以下几个条件：（1）不能使学生觉得太简单，最好一下子得不出结果。（2）最好能反映多次重复试商的要求。（3）课件演示方便。如将73个苹果平均分到3个篮筐，课件演示9个9个分时比较零乱，学生对每筐分到9个印象不是很深刻。我第四次将例题改为79÷3，学生能清晰地看到79里的9被一次次分掉了，对竖式的理解更加透彻。

"商叠加书写"的研究持续了三年，前两年研究者恰好都被学校安排教三年级，而第三年又跟班教了四年级，因此就要"借班"并与其他教师合作研究。按课题研究的一般流程，开始阶段应该有文献研究作基础，为研究设想和方案设计提供理论依据。但这项研究中，研究者虽然有理论意识，但当时并没有找到合适的理论来指导，因此在初步调查的基础上摸着石头过河，通过实践检验来修正研究设想。从思维方法角度说，这项研究是演绎思维与归纳思维的结合，是行动研究与调查研究、经验总结、文献研究、理论思辨等方法结合运用的一种混合式的研究。"小组合作学习"研究者的理性思考相对比较成熟，研究过程呈现了演绎思维的特点。在第一阶段学习效果不佳时，研究者能够从构成合作学习的几个基本要素出发，比较清晰地进行原因分析，并提出相应的改进措施。整个研究过程思路清晰，最后也是结合经验总结提出研究结论。

实例 4.2.2

开展"合作学习"引发的思考 ①

一周的最后一节生命科学课下课时，是大家最期待的时刻，因为这时要公布一周学习小组得分，表现好的小组常常是一阵欢呼，成绩最低的小组到课代表处领取出"每周抽查卷"

---

① 选自陈红梅：《生命科学课上的"小组合作学习"》，原载于张肇丰、李丽桦：《课堂改进的 30 个行动》，华东师范大学出版社，2011 年版，第 162—163 页。实例标题为原文中的小标题。

的空白卷，双休日完成。通过实践反思，我们感到，开展有效的"合作学习"需要注意以下几个关键点：

（1）创设环境，发挥潜能。要让学生懂得如何在合作小组中承担个人责任，才能通过有效的合作学习步骤获得良好的合作学习效果。

（2）问题恰当，讨论充分。教师在备课时要形成难易度适当的合作学习问题，在组内讨论前应给学生独立思考的时间。

（3）要求明确，适时指导。教师要对小组提出明确的学习要求，小组学习遇到困难时，要提供适时的指导，也可以参与某个小组讨论。

（4）关注过程，促进成长。当学生的回答或解题的结果与答案不符时，最好让学生自己说出解题的思路和过程，再作评议。对于探索过程中专心致志、善于动脑的学生，从激励的角度指出他们的不足，保护他们的学习热情，促进每位同学的成长。

（5）评价公正，奖惩适当。《学习互助小组每周学习情况考核表》的评价栏目设置要征求学生代表的意见，评分标准要让全体学生接受和认可。"每周抽查卷"既能帮助同学巩固和复习一周的学科知识，发挥学生的创造性，作业的量也不大，而且还能去抽查其他小组成员的学习效果，小小的"每周抽查卷"收到了意想不到的好效果。

（6）课内外有机结合，全方位开展"合作学习"。

"捆绑式小组合作学习"同样体现了混合式研究的特点，

演绎与归纳相结合，验证假设与经验总结相结合。最后的结论看起来与一般的经验总结没有什么差异，但是我们应该认识到，这些提炼经验的结果与研究者从一开始就有明确的研究设想和实施步骤是分不开的。如果没有对"合作学习"的理性认识和研究设计，就难以形成两轮循证研究，最后也很难取得现在这样有一定深度的研究成果。

行动研究也是定量研究和定性研究的混合运用，对研究设想的验证是行动研究的重要环节，定量或定性的证据都是反思改进的不可缺少的依据。上述两个实例都呈现了验证成效的依据，包括定性、定量、理论、实践的各种证据。从提供证据的有效性和完备性角度看，两项研究都运用了观察、访谈、记录及描述的方法，由此提供了证明成效的定性依据。其中，"小组合作学习"研究对学生表现的观察和描述更为具体、直接，比较有力地证明了"捆绑式小组合作学习"的成效。"追回丢失的'0'"研究的特点是，多角度、多方面地提供了各种教学改进的依据。一是提供了理论或认识的依据，包括重要文献的引用和对师生的访谈调查的内容；二是呈现了大量例题及教学个案，描述了学生思维的变化过程；三是提供了他人的评价，即校长、教研员以及市教研室对这项研究的认可，虽然是间接的证据，但也具有一定的可靠性和说服力。

两项研究也有不足之处，就是定量研究比较欠缺，没有更多地留意有关教改成效的数据收集。特别是"追回丢失的'0'"，一项涉及小学数学计算的研究，本身具有定量分析的优势，开始就提到了学生答题差错率偏高，后面却缺少相应的验证和回应。这可能说明，虽然行动研究具有假设与验证的特点，但由于研究是在日常工作情境中进行的，因此研究者较少有意识地去收集研究数据。这个问题值得"作为研究者的教师"进一步思考和改进。

▸ 二、实证研究 •

实证研究是教育研究领域中一种重要的方法和方法论，有关实证研究的性质和定义在学术界有不少争议，我们这里选取一种最简单的说法：实证研究是基于事实和证据的研究。实证研究又包含两种不同的理解及内涵，一种是广义的实证研究，包括量化研究和质性研究；另一种是狭义的实证研究，即指量化研究。本讲中讨论的实证研究主要是指后一种狭义的理解，即"量化研究"。有关质性研究的问题留待下一讲单独讨论。

实证研究是一个假设与验证的演绎过程，具有很强的逻辑性。它开始于对实践的观察和思考，对发现的问题提出某种理论假设和比较严谨的研究设计，然后用观察、访谈、问卷、实验等方式收集数据等实践材料，最后对数据材料进行分析并验证原来的理论或设想，包括证实或证伪。同时，实证也可以通过归纳思维提炼出某些对事实材料的解读和理性认识。因此，实证研究在一定程度上也是一种演绎与归纳结合的混合式的研究范式。

实证研究强调用证据说话，注重研究成果的可验证和可重复性，因此在一定程度上改变了以往教育研究偏重抽象思辨、空谈理论的倾向，受到了许多研究者的关注和欢迎。但是，一种倾向也会掩盖另一种倾向，有许多貌似科学的实证研究罗列了一大堆数据，但是并没有从中得出什么有益的结论和启示。特别是近年来"大数据"兴起之后，又出现了更多的跟风赶时髦的"数字游戏"，把数据分析作为科研成果的一种包装形式，以致把研究方法的应用导向了另一种误区。教师怎样做好实证研究？下面结合不同方法的应用要点及实例做些解读。

（一）观察法

观察、访谈、问卷调查，是调查研究的主要方法，其中用的最多的就是观察法，特别是对课堂教学的观察。与日常教学工作中听评课不同的是，作为研究方法的观察有比较明确的目的和计划，是有针对性地对某些特定的对象进行观察，由此收集第一手的材料和数据进行分析研究。根据观察的不同性质特点，观察法又可以分为不同的种类，如自然观察与实验观察、直接观察与间接观察、参与式观察与非参与式观察、结构式观察与非结构式观察、定量观察与定性观察等。一般来说，中小幼教师开展教学研究，都是在自然的常态的教室环境中进行，多半是不借助仪器设备的直接观察，但是按照观察主体的区别，有时是作为执教者参与到教学活动之中，有时是作为旁观者进行非参与式观察。教师由于往往同时具有研究者和参与者的双重身份，深度介入了观察现场，因此在一定程度上会对观察对象（如学生）造成影响，就有可能影响到观察结果的科学性和客观性，这是教师作为观察者和研究者所需要注意的问题。

1. 观察点的确定

观察研究与一般听评课的不同，还在于作为研究方法的观察是一种结构式观察。一般来说，在某项教学研究的初始阶段，课堂观察是比较宽泛的非结构性的，以便广泛了解情况；而在确定研究目标和计划之后，观察就不能是随意的无结构的，而是往往需要借助一定的工具，如课堂观察量表，按照一定的观察项目和要求收集相关的定量材料或定性材料，对研究对象进行有目的有重点的观察、记录和分析。因此，运用观察法能否取得预期的资料和研究成效，取决于研究者是否有一个比较清晰的研究思路和观察结构。这也可以说明为什么许多教师积累了多年的听课笔记，但不一定能提供有用的研究资料。

实例
4.3
　　　　课堂的 4 要素 20 视角 68 观察点 [①]

要素	视角	观察点举例
学生学习（L）	（1）准备；（2）倾听；（3）互动；（4）自主；（5）达成	以"达成"视角为例，有 3 个观察点： • 学生清楚这节课的学习目标吗？ • 预设的目标达成有什么证据（观点 / 作业 / 表情 / 板演 / 演示）？有多少人达成？ • 这堂课生成了什么目标？效果如何？

---

① 崔允漷、沈毅、吴江林：《课堂观察Ⅱ：走向专业的听评课》，华东师范大学出版社，2013 年版，第 29 页。

要素	视角	观察点举例
教师教学（I）	（1）环节;（2）呈示;（3）对话;（4）指导;（5）机智	以"环节"视角为例，有 3 个观察点: • 由哪些环节构成? 是否围绕教学目标展开? • 这些环节是否面向全体学生? • 不同环节／行为／内容的时间是怎么分配的?
课程性质（C）	（1）目标;（2）内容;（3）实施;（4）评价;（5）资源	以"内容"视角为例，有 4 个观察点: • 教材是如何处理的（增／删／合／立／换）? 是否合理? • 课堂中生成了哪些内容? 怎样处理? • 是否凸显了本学科的特点、思想、核心技能以及逻辑关系? • 容量是否适合该班学生? 如何满足不同学生的需求?
课堂文化（C）	（1）思考;（2）民主;（3）创新;（4）关爱;（5）特质	以"民主"视角为例，有 3 个观察点: • 课堂话语（数量／时间／对象／措辞／插话）是怎么样的? • 学生参与课堂教学活动的人数、时间怎样? 气氛怎样? • 师生行为（情境设置／叫答机会／座位安排）如何? 学生间如何?

上述课堂观察量表是华东师范大学崔允漷教授的研究团队提出的，基于这个量表的课堂研究被称为 LICC 范式，其含义是指课堂的四个要素：学生学习（Learning），教师教学（Instruction），课程性质（Curriculum），课堂文化（Culture）。

其中学生学习是课堂的核心，另外三个是影响学生学习的关键要素。根据观察研究的需要和理论逻辑，上述四个要素又被分解为 20 个视角、68 个观察点，由此形成了一个研究框架或称认知地图。从观察研究的角度说，结构式的观察有助于避免以往听评课的盲目性和随意性，可以依据特定的研究主题，关注和收集到特定的有用的研究素材。观察点的确定，是一个"从领域到问题，从问题到观察点"逐步收缩的认定过程。

有了一张观察量表，不等于一定能收集到有用的有效的材料。观察是"假设与验证"过程中的一个环节，在几十个观察点中，怎样选择合适的观察点，与研究者的问题意识和研究目标有着直接的关系。比如，同样是研究"增进学生学习的自主性"，除了观察学生的学习行为，还可以从影响学习行为的不同因素角度去观察和分析，这里就包括"教师教学""课程性质""课堂文化"等不同的观察视角和研究领域。因此作为一项观察研究，一方面，要明确观察意图，确定观察的目标和重点在哪里，所收集的证据要说明什么问题；另一方面，要根据研究设计确定每次观察的不同要求和目标，包括研究者之间的分工合作和任务分解。研究者可以根据研究内容的需要，设计出更具体的分类观察量表，如针对提问类型、理答方式、情境教学、小组合作、活动组织、课前预习与课后评议等不同研究内容的观察量表。崔允漷团队的老师们就设计应用了针对不同研究目标的观察量表，如"学习支架的设计与利用""学生动作技能的形成""课堂互动与教学目标的达成""教学环节与学习目标的达成""课外教学资源的利用"等。

　　不同的观察量表和方法，体现了不同的研究思路和理念。LICC范式的课堂观察体现了实证研究的系统性和科学性，比较重视把握观察设计的基本理念和结构要素，注重从宏观到微观、从抽象到具体来分解研究领域和问题。研究者在特定的主题范围内全面收集信息并加以归类分析，从中得出某种判断和结论。另外，一些研究者和研究范式不主张事先确定具体研究主题和结构，而是依据现场情境的观察，聚焦、揭示某个重要或特殊的现象，提出自己的发现、感悟和启示，以及展开相应的探讨，具有一定的随机性和生成性。

实例 4.4

观课议课记录表 ①

观课老师：　　　　　时间：　　年　　月　　日（星期　　）

学校		班级		节次
授课教师		学科		课型
1. 有讨论价值的课堂现象（摘要）	2. 蕴含的教育启示、教育问题或教育疑难	3. 对相关启示、问题、疑难的见解和创造	4. 授课教师的认识和见解	5. 议课的相关建构

----

① 选自成都大学陈大伟教授提供的讲课材料，文字有改动。

| （1）来源于课堂
（2）完整、清晰、简明 | 疑难问题："他为什么这样教？""学生为什么会这样？"
启示问题："提供了哪些启示？"
变革问题："有什么改善的方法？" | 思考并回答：
（1）发挥教育洞察力读懂课堂；教与学表现出的关系；教与学的可能关系。
（2）发挥教育想象力创造教学：还有哪些可能？假如我来教？ | （1）诚恳回应："我设想""我的理解""我的反应"……
（2）主动询问请教："你发现了什么？""你有什么意见？""假如你来教？"…… | 主持人：基于……现象，讨论……问题，有这样一些收获：
（1）形成的新认识；（2）找到的新方法；（3）提出的新问题；（4）需要改善的理念、思想和行为。 |
| 引发的其他思考及需要研究的问题 | | | | |

　　成都大学陈大伟教授多年来倡导"观课议课"的理念，主张从切片研究的角度，做基于情境和教学故事的研究。这个量表没有预定或固定的观察目标，使用时观课教师用白描的方式描述自认为有讨论价值的课堂现象，授课教师课后进行回应，主持人基于互动与分享，引导小结与提升。研究者强调以尊重教师、成就教师，集中焦点、深入研究，平等对话、相互学习为设计理念。

　　实例 4.3 和实例 4.4 展示的两个观察量表是两种具有代表性的研究范式，各有特点和优势。LICC 范式属于结构式观察，有利于从课堂整体把握和数量关系分析的角度来发现问题和认识问题。观课议课模式虽然也有一个简单的量表，但更多地倾向于非结构式的自然观察，偏重于通过直觉和描述来揭示个别、特殊的现象中所包含的深层问题（两种模式可分别参见第五讲中的课例研究模式和关键教育事件模式）。LICC范式的课堂观察量表有点像一张游览地图，既介绍了景区的全貌，也标明了不同景点的位置和特色。有了这样一张导游图，游客就可以根据各自的需要，选择确定游览的目标和路线。观课议课记录表，类似于提出了建设五星级景区的理念和原则，但并不确定优质景点的具体方位和景物特色，需要游客们自行发现和认定。其共同点在于，两种观察模式都需要从一定的理念出发提出自己的研究假设，然后根据假设去观察研究对象，搜集相应证据，从而判断是否符合原先的想法。实际上，在教师实践研究过程中，两种不同的观察方法也可以结合运用，全面与重点相结合，预设与生成相结合，定量分析与定性研究相结合。

2. 观察的结果及分析

观察量表的使用涉及许多操作性问题，包括怎样有效地观察、记录和解释，这是一个做中学的过程，需要在研究实践中逐步理解和熟练掌握。在这个过程中，观察点的确定和对所获取的材料的解读是两个关键环节，也是论文写作的重要组成部分。怎样搜集和利用观察素材支持研究结论，下面是一个LICC范式观察研究的例子。

这是一堂高二年级政治学科的期末复习课：《对话乔布斯》。这堂课采取学生主导的沙龙讨论式的教学方式。课前，依据教师提出的素材要有典型性和教育性的要求，学生素材开发小组围绕苹果产品和乔布斯人生两个方面，筛选了有关的视频、图片和文字材料。经过师生商议，大家确定了这堂讨论课的主要话题和环节：（1）呈现"苹果标志的含义和变化"，探讨"其中蕴含的哲学道理"；（2）呈现"iPhone4 产品解密会"，分析"蕴含其中的经济全球化知识"；（3）呈现"天堂版 face to face"，运用《生活和哲学》中的知识分析乔布斯的成长经历和创业过程；（4）呈现"乔布斯语录"，感悟和分享"乔布斯成长于创业经历的人生启示"。课题组的老师们经过讨论，确定了研究这堂课成效的三个观察点。

实例 4.5.1

《对话乔布斯》课前会议 ①

冯老师（本课执教者）：你们三个可以组成一个观察小组，帮我看看问题设计得怎么样。

俞老师：利用教材外的素材性课程资源，我觉得不仅会让学生更好地掌握知识、提升能力，更重要的是对学生的学习方式产生更大影响，有利于他们自主地学习。

徐老师：是的，你能不能找个具体的切入点？

俞老师：我想从学生参与问答这个角度来观察。

仰老师：课堂中的合作学习也是沙龙课中的主要学习方

---

① 实例 4.5 均选自徐晓芸：《政治组：素材资源的开发与利用》，原载于崔允漷、沈毅、吴江林：《课堂观察Ⅱ：走向专业的听评课》，华东师范大学出版社，2013 年版，第182—200 页。文字有改动。

式，我就从课堂中的小组合作学习的角度，看看素材性教学资源的利用情况吧。

郭老师：回答有了，合作也有了，我就从听的角度来看看学习方式的转变吧。

从教学设计来看，这节课有大量对话，我想记录学生都听了些什么，但我一个人肯定记录不了。所以我还是想从辅助性倾听的角度来研究学习方式的问题，最终看看素材性资源的利用情况。

冯老师：三位老师都是观察素材性教学资源的利用对学习方式的影响，只是侧重点不同，你们可以组成一个观察点。

徐老师：这样，我们可以从观察素材性资源的开发、问题设计的有效性和素材资源的利用对学习方式的影响这三个方面，研究素材性课程资源的开发与利用。

实例 4.5.2

观察报告："素材性资源的利用对学习方式的影响"

问题 \ 学习方式		辅助倾听方式（笔记、查阅、其他）	问答			小组合作		
预设	生成		人数	形式	氛围	人数	氛围	观点
	生1	注视苹果，进行思考	20人	齐答	1次笑声			

问题 \ 学习方式		辅助倾听方式（笔记、查阅、其他）	问答			小组合作		
预设	生成		人数	形式	氛围	人数	氛围	观点
Q1		查阅书本；同桌交流；补充	2人	主动回答	1次掌声；积极踊跃			
Q2	生2	回顾知识，在脑中或动笔在笔记本上构建体系	2人	1人主动1人叫答	声音响亮	全班	气氛和谐	观1
Q3		看板书提示；查阅书本做好记录；点头回应	6人	主动回答	1次笑声；气氛热烈，争抢回答	44人	4个小组各扮演一种角色进行讨论，讨论热烈	观2
Q4		同学补充：价值的实现需要发挥主观能动性	4人	主动回答	笑声2次；掌声1次；抢答1次	46人	小组合作竞赛；气氛民主，开放	观3
Q5	生1	朗读名言	4人	主动回答	1人连续起来2次			观4
Q6			2人	主动回答				

观察结果分析及教学建议：

1. 素材性资源对学习方式和课堂文化的影响。从上表可以看出，学生的辅助性倾听行为贯穿于整个课堂，学生的笔记、补充、查阅等行为十分活跃。虽无法统计具体人数，但在视野范围内，确实是非常频繁。这说明课堂学习素材有效地激起了他们的学习欲望，勾起了他们的记忆，帮助了他们整理自己的知识体系。全班同学主动回答40次，小组合作基本全员参与，学生的4个代表性观点充分地反映了他们思维的活跃度和深度。

"解密会""电视访谈""角色扮演""小组比赛"是学生非常喜欢的学习方式。据该班老师说，2个从不愿意参与课堂讨论的学生，这次也积极地发表了自己的观点。可见，良好的素材资源，使学生会学、愿学和乐学，这对促进学习方式的转变，构建良好的课堂文化有重要意义。

2. 一个建议。在"小组合作学习"环节的问题3、问题4的讨论中分别有4人和3人出现"游离"状态。根据课中观察和课后访谈，发现原因主要是在设置小组讨论时没有基于合作学习的几个要素去组织。讨论开始前，老师没有指导学生建立一套有序的合作规则。可见，素材性资源作用的发挥还与课堂组织和管理有一定关系。

按照LICC范式的四要素理论，上述观察研究主要属于"课程性质"的研究，兼及"课堂文化"等其他三个要素。研究者经过讨论，确定了"素材性资源的开发""问题设计的有效性""素材资源的利用对学习方式的影响"三个观察视角及若干个观察点，最后的观察报告包含了三个视角的观察研究分报告。实例4.5.2呈现了第三份报告的主要内容。总体上说，这项研究提供了一个很好的观察法应用的样本，特别是通过课前会议、课中观察、课后会议三个不同阶段的研究情况的描述，展现了观察研究的全过程，提供了宝贵的研究资料。就第三个观察报告来说，我们可以从中看到两个明显的特点和优点。

（1）设计了结构化的观察目标。几位研究者经过讨论，提出和确定了"学生参与回答""小组合作学习""辅助性倾听"三个观察点，形成了"素材性资源的利用对学习方式的影响"研究的基本框架。这个结构化框架的确定，使课堂观察有了比较明确的目标和要求，便于教师理解和操作，成为开展这项专题研究的基础。

（2）定量与定性分析相结合。从观察报告中，我们可以看到，观察者记录分析了学生学习行为的人数、次数等数据，为提出研究结论提供比较客观的依据。同时对不能计量分析的内容，采用了描述性的语言予以记录，如"积极踊跃""声音响亮""气氛热烈"等定性材料，弥补了定量材料的不足。特别是观察小组合作学习方面，发现有几名同学"游离"于讨论之外，研究者在课后通过访谈，进一步了解分析了问题产生的原因。观察与访谈相结合，也是发掘研究深度、提高研究质量的一个重要手段。

这项研究也有不足之处，就是过于强调素材性资源对学习方式的影响，而对其他因素的作用估计不足。素材性资源其实可以分为课外与课内两个来源，课外资源中有关乔布斯和苹果公司的素材，的确给课堂讨论提供了扎实的基础，我们可以把这类资源看作讨论得以展开的"事实资源"。但是课堂讨论要具有研究者所说的"教育性"，还需要依赖"理论资源"或"知识基础"，这个资源和基础就是学生已经学过的《经济生活》《政治生活》《生活与哲学》这三节政治课的教学模块。实际上，《对话乔布斯》这堂课的亮点，就是创设了一个有利于学生能力迁移的情境，让学生在讨论过程中运用学过的理论知识来分析解读现实问题。观察报告中记录了学生"查阅书本""回顾知识"的学习行为，这方面应该有许多值得深度发掘的内容，但研究者似乎没有关注到这一点，报告结论中也没有提及其价值和作用，这在一定程度上削弱了研究的深度，有点可惜。

还有一个不足，就是对沙龙讨论这种教学形式的作用认识不足。研究者过于"偏爱"素材对学习方式的影响，这在一定程度上影响了判断的客观性，例如把学生积极发言都"归功于"良好的素材资源。其实，课前决定采用沙龙讨论的形式，包括"电视访谈""角色扮演""小组比赛"等学习方式，是"发言踊跃"的重要原因。如果《对话乔布斯》采用一般的提问结合讨论的上课方式，即使由学生作为小先生来主导教学，也未必能取得现在的效果。因此，如何使研究报告具有更强的内在逻辑性和说服力，如何科学、准确、恰如其分地利用观察材料，也是对教师研究能力的评估和考验。

（二）访谈法

访谈是通过交谈收集研究材料的一种调查方法，根据访谈的不同性质特点，也可以分为不同的类型，如个别访谈与集体访谈、直接访谈与间接访谈、口头访谈与书面访谈、正式访谈与非正式访谈、结构型（封闭式）访谈与开放式访谈等。从方法应用的主次角度说，访谈可以分为两大类：一类是以访谈作为研究的基本方法和材料来源，用一种被称为"深度访谈"的资料收集方法，通过一对一的开放式的交谈，深入了解受访者的动机、看法、真实态度等。这类研究和写作有一套"质性研究"的方法规范，应用难度比较大，多为专家学者和博士生做深度调研时所用。另一类是把访谈作为观察、问卷等调查方法的补充和辅助手段，以帮助了解现象背后的原因，在教师科研写作中比较常见。

在教师科研写作过程中，访谈不如观察、问卷等调查方式那么受重视，其实访谈方式简便易行，用得好能发挥很大的作用。比如写教学反思或课例评析一类的文章，单从作者本人的认识角度去写有很大的局限，在没有深入研究的情况下，往往流于泛泛而谈，缺乏分析的深度。如果能够有意识做一些访谈，对访谈信息做一些比较分类，就可以得到对一堂课、一种教学现象或一个教学问题的不同看法和分析思路，这样在比较辨析的基础上再提出自己的看法，就可能有不同的见解，达到一定的认识高度。就听评课的访谈来说，受访者及材料来源可以包括：（1）执教者——可以了解其设计思路和执教感受；（2）一起听评课的同行的发言及看法——了解不同观察视角及其认识；（3）参与听评课的专家型教师的点评——往往能有意外的启发；（4）参与本课的学生（教学对象）——掌握第一手的教学反馈信息。在这些访谈的基础上撰写教学反思，可能内容上就会比较充实和深刻。

1. 与观察、问卷调查配合使用

将访谈与观察、问卷等调查方式结合，可以对教育现象及其产生的原因有一个更为全面和深入的了解，有意识地多做访谈，也是一条提升教师研究能力的有效路径。古人云，兼听则明。西方人说，站在巨人的肩膀上可以看得更远。访谈的实质不仅是了解各种信息，更重要的是学习利用他人的智慧来帮助自己分析问题、提高思想水平。

实例
4.6

大芦荡，你还在守望吗？①

[课堂实录]

……

步老师：废墟是什么意思？废墟是荒地，但不是所有的荒地都是废墟。第二十八节，三个"怎么会"恐怕把这个守望又推进了吧。在读的过程中，要这样一边读一边思考。时间只有一节课，留下两个问题或作业。任选其一：第一，从"萧瑟"到"困惑"——我对大芦荡哲思的理解；第二，从"守望什么"到"还在守望吗？"——我对行文思路的感受和困惑。

---

① 选自步根海等：《〈大芦荡，你还在守望吗？〉课堂实录及专家评析》，原载于《上海教学研究》，2015年第4期。文字有改动。

今天就讲到这里，下课。

[课后自评]

步根海（上海市教研室语文教研员）：有的老师问我："如果还有第二节课，你怎么收尾？"我不是这么考虑的，这篇文章我一定没有第二节课了，但对学生的作业是要做评价的，那就是另外一个角度了，而作业的评价与对这篇文章的再认识是密切相关的。我并不企图用一节课解决那么多那么深的问题，而是让学生由阅读的感觉思考今后应该怎么来读这一类文章。因此显性地说，关注一些重要的词语，关注一些标志性的语言，关注这些语言产生的语境，关注语言内在的逻辑联系，以及关注学生阅读之后的自己的感受等，就是我们所说的"学习策略"。

[专家评析]

孙宗良（复旦中学特级教师）：我们现在的语文课过多地采用解析的手法，分析、切割，或者是几个关键词分析。实际上，语文课的整个过程应当是让学生通过解析然后在自己脑子里完成重构，而不是解开以后得到的几个概念、几个判断。步老师的课有两点非常突出：一个是层叠，一层层往下走；另一个是相融，即教的过程与学的过程的融合。实际上，步老师的课堂都没有经过大的设计，但是对学生的思维方式和行为的引领非常有价值。从步老师这里来说，这不是刻意的行为，而是自觉的行为，甚至是下意识的行为。

《大芦荡，你还在守望吗?》是沪教版八年级上册中的一篇课文，通过对自然环境变化的描述反映人类的生存意识和忧虑。这篇课文的课时设计，也有教师上两节课的。但是执教者步根海老师肯定地说："我不是这么考虑的，这篇文章我一定没有第二节课了。"步老师原是上海市教研室语文教研员，作为语文界的权威人士，能够上这类公开课也不多见。从课堂实录和课后答问中，我们可以了解高水平教师的教学思路和教材处理方式。例如特别重视掌握学习方法，即以一篇课文为例子让学生学会读一类文章，而不是追求一节课解决所有的问题。执教者有这样的教学理念，教学时就成竹在胸，并不讲求教学步骤的严密和知识点的落实，因此课堂具有很强的生成性。用点评者孙老师的话说："没有经过大的设计，但是对学生的思维方式和行为的引领非常有价值。"从教学研究角度看，这两位优秀教师的谈话就是富有启发性的访谈材料。如果要撰写一篇关于这堂课的教学反思，有了这两位老师的评说，文章就有了观点的提炼和论据的充实，内容就会增色很多。

2. 根据研究需要灵活运用

在研究的不同阶段或面对不同的研究对象，我们需要有针对性地提出恰当的问题。这不仅是为了收集到有用的材料，也是访谈能否顺利进行的前提。一般来说，访谈前需要准备一个大致的问题提纲；在访谈开始阶段用开放式的问题导入，营造比较宽松的谈话气氛；其后再根据研究需要，提出指向性、目的性较强的问题。要根据不同的访谈对象和访谈环境，选择运用不同的提问方式和内容。访谈中还经常会出现谈话内容偏离提纲范围的情况，这就需要灵活处理，合理利用某些访谈技巧。

实例
4.7.1
三次访谈的问题设计 [①]

　　访谈提纲的设计，简单地说就是问题安排的类型和出场顺序。访谈问题应由浅入深，由简入繁，从开放、简单、对方容易理解的问题入手，逐步加大访谈问题的难度和复杂性，由面及点地进行。访谈的问题应该明白易懂，一般不使用"专业术语"，罗列在一张纸上，简洁明了。除了文字上的斟酌之外，问题的类型特点对于编排也相当重要。我们第一次访谈多采用了开放型问题，这是因为要获得有关被研究的教师的教育观及日常工作生活的情感体验。一般多在课前进行。第二次的问题则更为具体明晰，多聚焦于课堂观察中的行为和细节。而第三次访谈问题的类型多样，就各自观察的内容和引起的思考的不同而定。也就是说，你设计的问题要能够引导被研究的教师说出为什么会有这样的行为，来验证你的猜测或解决你观察时的迷惑等。

---

① 　实例 4.7 均选自阮莉丽：《用眼思考　用心体验》，原载于上海市安顺路小学《在教育生活中领悟教育的力量》研究文集，2007 年 5 月。文字有改动。

访谈中的"迂回"与"追问"

　　当问到"按照教案的预设，现场出现了哪些差异"时，孙老师"基本顺利，未出现偏差"的回答，让我心头一紧。心想：与我原先的预设出现了分歧。那"其间你做了哪些调整，实际效果如何"该怎么问呢？是放弃这个问题，还是采用"迂回"的方法呢？于是我扫了一眼孙老师的神情，见她一脸坦然，似乎没有不自然的表现。我便决定运用暗示的方法，继续问道："就学生出题这个环节谈谈你的看法。"她扬扬眉，笑了笑说："对，在这个环节，学生的出题与我有所偏差，我也顺着学生的意思继续教学，充分肯定学生的思考，并适时引导回来，实际效果较好。"……在自然的交谈中，孙老师一一道出了对于这节课在教学语言设计上的想法，我也明白了个别教学环节处理的原因和方法。

　　上述两个实例较好地呈现了访谈研究的一般思路和方法，有较强的实践借鉴意义。特别是"三次访谈的问题设计"，以一堂课的教学研究为例，说明怎样通过课前课后的多次访谈来收集研究资料：第一次在课前了解执教者的教学理念和一般情况；第二次在课后有针对性地提出教学过程中的一些疑难问题，了解执教者的处理依据；第三次则是事后补充采访，在写作过程中遇到疑点时，通过电话交谈进一步了解证实。三次访谈提供了更为全面和扎实的材料，与现场观察相配合，可以有效地充实论文的容量，增进研究的深度。

与观察法类似，访谈法也是一种假设加验证的研究思路。观察点的设计和访谈提纲的拟订，就是研究假设的提出；在观察和访谈基础上获得的材料，就是对研究假设的验证。访谈与观察的方法差异在于，访谈是一个双向互动的过程，访谈材料的质和量有较大的不确定性。比如遇上比较健谈的受访者，有时交谈内容会被带离预定的主题，无法验证研究假设，这就需要研究者随机应变，适时地引导话题。访谈材料采用定量方法处理，难度也比较大，一般教师研究者还是用描述性的语言记录受访者的观点看法，用来支持、解读经观察或问卷调查获得的定量研究结果。

在条件具备的情况下，访谈法也可以单独使用。也有研究者结合工作实际，围绕一个研究主题慢慢地积累访谈材料，在此基础上撰写论文。例如《我们是怎样找到错误原因的——基于298例访谈实证的小学数学错题的错因分析研究》、《十六个课题实例的分析——科研人员谈基层学校的课题选择与设计》。这两个访谈项目的研究者都花了较多的时间精力采访受访者，用类似深度访谈的方法收集材料，然后分类梳理。这类访谈研究比较费时费力，做的人比较少，但是做好了，确有其独特的视角和价值。

我们是怎样找到错误原因的 [①]

一、常见的小学数学错因分析做法

教师根据教学经验判断学生的错误原因，对于准确找到错误根源具有一定的帮助，但事实上，小学生在解决数学问题的过程中，错误的形成往往有更深层次的原因。我们以绍兴地区（三区、两市、一县）的小学生作为访谈对象，以 298 例典型的小学数学错题为载体，共访谈了 1800 余名小学生。每一例错题，我们从后进生、中等生、优等生的角度，分别选取 2～3 名出错的学生进行访谈。

二、典型错题错因访谈的结果分析

在这个以学生访谈为主的过程结束后，再对错误原因进行筛选、分类。结合访谈结果分析后我们认为，造成小学生数学问题解答错误主要有如下几类原因：

1. 数学概念习得方面：理解偏差产生错误

2. 已有知识经验方面：消极思维定势引发错误

3. 学生认知能力方面：问题解决能力欠缺引起错误

4. 注意品质方面：审题表现不佳导致错误

---

① 实例 4.8 均选自王焱烽：《我们是怎样找到错误原因的——基于 298 例访谈实证的小学数学错题的错因分析研究》，《上海教育科研》，2015 年第 5 期，第 83—85 页。

三、访谈实证带给小学数学错题研究的启示

（略）

消极思维定势引发错误

学生在解决数学问题的过程中，往往按照自身积累的知识经验、思维活动经验去思考问题。思维定势对问题的解决既具有积极作用，也具有消极影响。一方面，思维定势可以加快学生的解题速度，使学生采用最简捷的途径解决问题；另一方面，当问题情境改变时，思维定势却容易导致学生在提取已有知识经验解决问题时出现方法选择不当，从而引发错误。从对学生的访谈中可以明显看到，消极思维定势引发的对知识、方法错误的理解与应用。

$860 \div 40 = ($ 　$) \cdots\cdots ($ 　$)$ 是一道四年级"除数是两位数的除法"单元《商的变化规律》一课的巩固练习。这道习题学生往往容易错填为：$860 \div 40 = (21) \cdots\cdots (2)$。师生访谈过程如下：

师：你是怎么做的？说说你计算这道题的过程。

生：因为 $860 \div 40$ 这个算式中，被除数与除数都是整十数，所以我就各去掉一个零后计算。

师：你能说一下这样做的理由吗？

生：我是运用商不变性质，被除数和除数同时缩小 10 倍，商不变。

师：请继续说你的计算过程。

生：这样就变成了 $86÷4=21……2$。我算了好几遍都是这样的结果。

师：那么验算一下结果是否正确，可以怎么验算？

生：我们可以用除数乘商，然后加上余数，看看结果是不是 860。（生算）结果不对。这样算的话被除数变成 842 了。我错在哪里了？（自言自语）

师：那能不能直接计算？不用商不变性质。

生：可以。（学生得出计算结果是 $21……20$）

师：现在检验一下。（生检验，这个结果是对的。）

师：那为什么原来的结果不对呢？（生抓抓头皮，试探着问："是不是我把商不变性质用错了？"）

……

访谈前，教师并未意识到商不变性质对此类习题的负面影响。从访谈中得知，此题学生想到了简便计算，将 $860÷40$ 转化为 $86÷4$，可见学生迁移了原有的思维经验：认为商和余数应该和 $86÷4=21……2$ 一致。造成上述错误的主要的典型的原因在于：学生用商不变性质进行简便计算已成为学生头脑中十分稳固、强势的问题解决思维，没有意识到"余数跟被除数、除数一起变化"。学生先前所学的"商不变性质"这一已有知识经验体现出消极思维定势的影响，从而引发错误。

为了消除消极思维定势的影响，教师通过用"简化的竖式计算"和常规的竖式计算的比较，聚集思维，最终帮助学生认识到"运用商不变性质计算除法，余数会跟着被除数和除数一起变化，而且变化的倍数相同"。从中我们可以看到，访谈实证的价值与作用所在，即为教师进一步采取教学补救措施提供了设计依据。

这项访谈涉及面比较大（1800余名学生），主要研究者所在单位是一所普通的农村小学，在来自各单位的课题组成员通力协作下，这项访谈研究在较短时间内顺利完成，成果最终在知名教育期刊上发表，可以说是一分耕耘一分收获。学生做题总是出错，这是教学过程中的常见问题，以往教师对错题的归因难免有主观猜测和以偏概全的认识不足。访谈研究把学生的内隐思维，通过"出声想"的外显过程呈现出来，为错因分析提供了更为直接、客观和全面的实证依据。相比于观察和问卷调查方法，这也是访谈法所具有的特点和优势。

从进一步提升的角度说，这项访谈也有值得改进和商榷之处。除了抽样和结果处理等技术性问题，最重要的是研究者缺少明确的研究假设，没有比较具体的访谈问题框架。这项访谈研究参与者较多，课题组成员在提问设计和访谈方向把握上难免有不同理解和操作，或遗漏该问的问题，或缺少有针对性的追问，这样研究就可能会偏离主题。从论文介绍的研究背景和过程看，这项研究在很大程度上体现了归纳思维和经验总结的特点，四种错题原因都是事后归纳提炼的，研究设计阶段的理性思考和理论指导尚有不足，在一定程度上影响了研究的进程和深度。

访谈是一种收集材料的实用方法，值得教师研究者关注和运用。掌握一些方法技巧是必要的，但是更重要的是研究者的态度。访谈是一种与被研究者"零距离接触"的研究方法和交往方式，与其他研究方法相比，它更受到人际关系的影响。无论应用什么方法技巧，无论面对怎样的对象，研究者首先都应该抱有一种真诚的态度，让每一次访谈都成为真诚的合作，这是访谈成功的根本。

（三）问卷调查

问卷调查是调查研究的常用方法，是一种以书面形式收集研究对象的有关数据资料的方法类型。采用问卷调查法有两个突出的优点：一是高效。问卷调查可以突破时空限制，在短时间、大范围内向众多的调查对象获取大量的信息数据。二是客观。问卷调查一般以匿名形式进行，可以消除某些调查对象的心理障碍，获得比较真实的信息；同时，统一设计的问答形式也便于统计对比，可以做定量分析。当然，对于教师研究者来说，问卷调查还是要在日常教学工作之外"另搞一套"，不如观察、访谈的应用那么贴近实际和自然发生。因此，怎样结合教师实践研究的特点和条件，发挥问卷调查的长处，就是教师研究者要考虑的问题。

相对于观察、访谈方法的运用，问卷调查收集大量的数据材料比较方便。同时，问卷调查方法又是一门比较严谨成熟的学问，正规的问卷调查对研究者有比较高的专业要求，需要专门学习。因此，对于多数教师研究者来说，可以结合自己的工作实际和研究需要，做一些相对简便的小调查。

1. 教学"微调查"的设计与实施

所谓微调查，是教师研究者在研究实践中总结提炼出的一种调查方法。与一般的调查研究相比，微调查的调查范围较小，调查手段简便易行，调查材料简洁，数据分析简单及时，突出实用性。围绕某个教学问题采用简单问卷或结合小型访谈等方式进行调查研究。比如在执教一节课之前，想要了解：学生对相关内容有着怎样的认知经验？学习起点在哪里？学习这部分知识的难点可能会出现在哪些地方？除了解学生的学习基础，还可用于了解学生在学习过程中的思维状态，或者对某个教学环节乃至整节课教学效果的反映等。

实例
4.9

一年级新生的数学基础微调查[①]

对于一年级新生来说，他们"会的"是什么？"不会的"又是什么？对于"加法"运算意义的理解是否有基础？特别是后一个问题，是教学"加法的认识"时关系到教学目标定位和教学过程设计的重要问题，也是我们调查的具体内容。

———————————

① 费岭峰：《教学微调查初探》，《上海教育科研》，2013年第7期，第33—35页。标题文字有改动。

测试内容为"计算 8 道加法式题：1＋4、2＋3、4＋1、3＋2、6＋3、4＋5、5＋3、3＋7"。其中 4 道"5 以内"（0 除外）加法式题，3 道"10 以内"的式题，1 道只限于满十"进位"加法，目的在于了解孩子"10 以内"加法的计算基础。

接着随机选取一个大组学生（11 人）进行微型访谈。两个问题：问题①，果树上原来有 3 只小鸟，又飞来 2 只，现在果树上一共有几只小鸟？这个问题请学生口头列出算式。问题②，请学生说说 4＋1 表示什么意思，可举例说明。第一问根据情景列式，了解孩子对"加法"作为一种运算与具体生活情境是否建立起了初步的联系。这是孩子认识加法，初步理解加法运算意义的基础，体现了加法认识的第一个层次水平。第二问说算式的意思或举例子，旨在了解加法作为一种抽象的数学模型，学生是否能够进行相应的解构，这是孩子理解加法运算意义的又一个层次水平，这期间不仅需有归纳概括思想作基础，更需要有演绎解构的能力作支撑。

课前微调查结果的分析，意在为设计有针对性的教学实践活动提供"实证"性支持。因此调查数据统计和分析时，更多关注学生的认知状况。如 8 道问卷测试题，不但需要知道"全班 44 位被测学生中 41 位学生全部正确，满分率达 93.18%"这个数据，更需要关注 3 人的错误情况：3 人各错 1 题，一人错 2＋3 这题，答案为 7；一人错 4＋5 这题，答案为 10；一人错 3＋7 这题，答案为 8，分别属于"5 以内""10 以内""进位"加法的范围，无典型错误。这说明学生已基本会算 10 以内的简单加法。同时还了解在实际的计算中，最快完成的学生用时为 15 秒 87，前 10 位学生完成时间均不到 20 秒，超过 60% 的学生在 30 秒以内完成，只有 4 位学生用时超过 1 分钟，最慢的一个孩子用时 1 分 48 秒。这表明大多数学生在学习"加法认识"之前，对 10 以内的加法计算已经达到了熟练程度。

两个步骤的工作完成后，随即对调查材料进行了整理分析。调查结果表明，一年级学生对"加法"的认识"会的"只是停留于机械运算层面，对运算意义的理解及价值的认识尚未建立，关于这点也正是这节课中需要教师去"教"的内容。于是我们在教学中明确，前半节课重点引导学生从"境"到"式"，经历加法模型的产生与提炼过程；后半节课则重点关注从"式"到"境"，体验加法模型的应用与解构过程，从而为学生理解和掌握"加法"运算意义提供更多的帮助。

这项微调查分为课前与课后两个部分，课后对课前被访谈的一组学生再次进行了访谈，内容仍然是课前的两个问题。结果表明教学效果较好，达成了课前预定的教学目标。加法已经不仅仅作为习题，而是作为一种解决问题的工具和一种数学思考的模型为学生所认识。"加法的认识"调查的设计与实施给我们提供了一个简便易行、实用有效的调查样例，体现了以证据说话、以科研促教学的特点和意义。其方法运用可以归纳为以下两方面的操作经验。

（1）调查设计的针对性和层次性。

这类小调查的特点是简便易行，因此调查内容和题目要少而精，要针对调查目的和研究假设提出调查题目。因此在问卷编制时，要避免撒网式地收集一大堆无用信息。如果想了解学生在某项内容的学习过程中的思维状况，就需要围绕这个学习内容的重点难点来确定调查内容，以便了解到学生在掌握知识能力过程中的思维变化状态。上述调查为了解一年级学生的计算基础，就设计用8道加法题来测试学生加法运算的熟练程度。同时为了了解学生的认知水平，又用两个访谈问题补充调查，由此区分了技能与思维的不同层次，比较准确地了解了学生的认识水平。本调查为了操作方便，题量和样本都比较小，调查结果有一定参考价值，但还不足以做成一项独立、完整的课题研究。如果是做一个比较正规的调查研究，需要设计一个更为系统、严谨的调查问卷，以体现对层次性和针对性的更高要求。

（2）调查分析的科学性与实证性。

上述调查分为课前和课后两个阶段进行，不同的调查阶段体现了不同的调查目的和价值，并采用了不同的调查方法。课前调查帮助教师了解学生的学习基础，有针对性地设计教学方案。课后调查的目的在于了解教学效果，验证和反思教学设计的实施结果。一般来说，调查的科学性和实证性更容易通过定量的数据分析来表示，比如用课前测试的分数来"客观""科学"地证明学生的学习基础。但是由于"学习"性质的复杂性和教师研究条件的局限性，有时简单抽取的数据并不一定准确、完整地反映学生学习的真实状态，因此通过访谈、描述等定性分析的形式来作为定量分析的补充，以获取更多的研究证据，这也是体现调查科学性和实证性的一种路径。许多专业研究者的调查设计，也往往采用定量与定性研究结合的方法，可以阅读有关文献了解学习。

2. 关于教师开展调查研究的选题

关于调查研究的方法，有许多专业书籍可供参考和学习，但是做什么选题的调查更有价值，仍是许多教师研究者感到困惑和困难的问题。一些学校和教师在开展课题研究时，特别是申报课题和开题阶段，通常要按上级教科研部门的要求进行调查研究，以作为课题设计的基础。这些调查研究往往缺少研究的针对性和必要的研究假设，因此容易陷入为调查而调查的形式化误区，以致事倍功半甚或劳而无功。原则上说，教师的调查选题应该来源于教改实践研究的需要，但涉及具体选题角度时，研究者又容易担忧研究的科学性和学术性不足，而导致调查选题偏离实践研究的需要。下面结合近年来《上海教育科研》杂志对这类教师调研成果的选稿取向，举例做些解读。

实例
4.10

两组调查研究的文章选题

第一组：采用发表的文章选题

（1）《小学五年级高阶思维能力调查报告》

（2）《小学生可支配时间保障与利用的实证研究》

（3）《高中生使用物理辅导资料现状调查研究》

（4）《中小学生电子产品过度使用的调查研究》

（5）《由毕业赠言看价值观念——城市六年级小学生同学录的调查研究》

（6）《中学生偶像崇拜的现状调查》

（7）《放学后难题解决了吗——基于南京市弹性离校政策实施状况的调查分析》

（8）《一个十三岁初中生的账单——义务教育下的农村学生教育消费调查》

（9）《公开课对小学教师专业发展影响的调查分析》

（10）《基于 45 所高中课堂教学评价表的实证分析》

第二组：未采用的文章选题

（1）《高三应届生与复读生自我效能感的调查研究》

（2）《合作学习中教师干预有效性的调查研究》

（3）《小学教师知识共享影响因素调查研究》

（4）《农村留守初中生心理健康状况与学业成绩关系的研究》

（5）《高中生批判性思维能力与父母受教育程度的关系研究》

（6）《C 校奖励性绩效工资发放的个案研究和问题分析》

（7）《一所村校生存现状的田野调查》

《上海教育科研》是面向普教的综合性教育理论刊物，历来发表的文章中实证研究选题占了相当大的比例，但发表一线教师的成果较少。上述两组选题，是来稿中与中小学实践研究比较接近的，作者多为中小学教师，也有教科研人员或高校研究生。一篇调研类稿件未被采用，涉的原因有很多，但是能被采用发表的都有一个共同的特点：选题有较强的实践针对性。

上述两组选题看起来也差不多，第二组似乎更为"高大上"一些，但仔细阅读辨析后可以察觉，第一组选题更贴近教改实际，更能反映一线教师所关注的教改难点和重点问题。这种实践针对性包含两层意思：一是调查目的偏重具体的教改实践问题，二是调查内容和结果能够有助于问题的解决。第一组选题涉及学校教育教学的各个领域，教学、德育、学校管理、课堂评价、教师发展等方面，所研究的问题都有较强的典型性和普遍性，值得关注和研究。

例如《高中生使用物理辅导资料现状调查研究》，针对目前学生和教师广泛使用教辅材料的问题进行了调查，在描述现状的基础上提出了改进的看法和建议。教育教学领域有许多由来已久、广泛存在、悬而未决的问题，但却很少有人专门研究。因此，这样的选题即使调研样本不大、研究深度一般，也仍有较大的参考价值和发表机会。中小幼教师身处教学一线，对这类教改实践问题接触最多、体会最深，应该有条件发现、提炼出更多有价值的调研选题。

《基于45所高中课堂教学评价表的实证分析》的作者是

两位上海的重点高中教师，他们利用教研活动中与同行交流的机会，收集、比较、分析了45所高中的课堂教学评价表及其评价要素，发现了其中的共性与个性。如：让学生作为评价者；学生的表现也可以作为对教师评价的依据之一；评价内容要素基本一致，以量化评分方式为主。由此提出，今后课堂教学评价，内容上应该在共性的基础上追求个性，方式上应该结合定性与定量，课堂教学评价者应该更具开放性。这样的研究切合教师工作实际，也发挥了不同于专家学者的比较优势，比较充分地体现了教师实践研究的意义与价值。

至于未采用的第二组选题，原因各有不同。其中首要因素是研究的目的和思路不够清晰明确，既要研究实践问题，又想体现学术价值，结果两头都没有着落。不少教师受学术期刊文章的影响，刻意模仿相关选题进行调研设计，而没有充分考虑研究的主客观条件，反而容易失去自己的特色和优势。

例如第二组选题中前三篇文章，其中的核心概念"自我效能感""干预有效性""知识共享影响因素"，涉及的因素都比较复杂，简单的一次问卷调查很难准确、客观地反映调查对象的真实情况。例如《小学教师知识共享影响因素调查研究》，试图通过教师的主观反应来判断是否愿意分享各自的教学资源、教研成果，一般来说，这样的问卷调查结果很难了解被调查者的内心想法和真实态度。如果没有实地考察和深度访谈的配合，以及问卷设计的全面考虑，这个调查报告的意义与价值就不大。

第二组选题的后四篇更有实践性的特点，其缺陷在于，对问题现状的反映没有超出以往的认识，特别是没有发现和提出解决问题的思路和措施。这也是实践针对性不足的一种表现。其中第（4）、（5）两篇的选题视角本身缺少新意，从题目就可以大致推知调研的结果，而结果也确实没有新的发现和启示。例如《高中生批判性思维能力与父母受教育程度的关系研究》，其实反映了人们的一般认识，即父母受教育程度高，则子女思维能力就强一些。这里的问题是，父母的受教育程度是一个常数，即使知道父母文化程度不高影响了子女的思维发展，我们也很难对其提出有效的弥补措施。这类研究选题就不如改为"父母教育参与与小学生学业成绩的关系"或"父母教育方式与子女个性发展的关系"，相对更有价值。第（6）、（7）两篇涉及近年来教育政策、教育管理的研究热点，但较大范围的同类调研已有不少，这两篇个案研究并没有提供新的研究视角和调查发现，基本上是用一个例证重复了已有的研究结果。如果这两个个案研究能够发现和反映新的动态，特别是有正面经验，那也能提升调研的价值、增加被采用发表的概率。

（四）实验研究

实验研究是一种探究和检验各种现象、因素间因果关系的方法，用来判明事物产生的原因和结果。这些不同的现象或因素，学术名词称为"变量"。变量又可分三种类型：第一种是"自变量"，也就是原因变量，它是研究者用来控制、操纵的影响因素，比如教学方法、学习材料、作业设计、奖惩措施等。第二种是"因变量"，也就是结果变量，是由自变量预测的变量，如学习成绩、学习动机、思维水平等。第三种是无关变量，又称控制变量，是其他可能对因变量存在影响的变量，但又不是本研究关注的变量，因此需要予以控制和消除。比如实验组与对照组的学习能力、师资水平、教学条件等，都需要保持在同一水平上，使其不影响自变量对因变量的预测。实验研究又可分为两大类型，即实验室实验和自然实验。前者如理化生等科学实验研究，后者则是在日常自然环境中开展研究，对实验变量的控制不如前者严格，也称准实验，教育实验基本属于后一种。相比其他实证研究方法，实验研究具有更强的客观性、定量化和可重复验证的特点，体现了更严谨的假设加验证的演绎思维和研究设计。

历史上有一个著名的教育实验：美国心理学家赫洛克把100 名四五年级的小学生分成能力相当的四组，完成难度相等的学习任务，不同之处在于四个组的学习环境。第一组是表扬组，每次完成任务后，就会受到鼓励和表扬；第二组是训斥组，学生完成任务之后，无论结果怎样，都会受到批评和斥责；第三组是忽视组，既没有表扬也没有批评，但是他们可以观察到另外两组的教学情况；第四组称为控制组，学生在整个学习过程中与前三组隔离，而且事后也没有老师的评价。实验结果揭晓：第一组表现最好，而且随着时间的推移，呈稳步上升趋势；第二组表现优于第三组，表现最差的是第四组。这个实验结果被称为赫洛克效应，又称反馈效应。它说明对学习结果进行及时评价，可以强化学习动机，起到对学习的促进作用。表扬的效果优于批评，批评则比没有评价的效果要好，而隔离则对学习的影响很大。

在上述实验中，自变量是教师对学生学习的评价方式，因变量是学习的成效，控制变量是学生的学习基础、学习时间、学习任务难度等。研究者为了解决某个问题，根据一定的教育理论和研究假设制订了研究方案，在有控制或创设的条件下予以实施，观察、记录、测定教育现象的变化，最后了解到教育条件与教育结果之间的因果关系，得出比较客观、科学的研究结论。这就是实验研究的基本思路和方法。

这里有必要说明的是，多年来国内教育界对"实验"的理解有一种泛化的现象。许多研究项目名为"实验研究"，其实未必遵循假设与验证的研究规范，包括遍布各地的"实验学校""实验班"或是一些影响很大的"××教育实验"，其实叫作"教改探索""教育实践"或"教育经验"更合适。学校教师要做实验研究，还是要从研究的基本规范出发，选择符合自己需要和可能的研究选题。

教师做实验研究，首先是教改实践的需要，如要验证某种教法的有效性；其次是有必要的研究条件，如教法的有效性是可以测评的。一般来说，教育实验研究的对象及其因果关系不宜太复杂，比如一个学生的核心素养、创造性思维、学业志向、道德品质等因素，是一个受多种因素长期影响的结果，很难通过短时间的单一的教学手段取得效果，因此就很难用实验方法进行教学有效性的验证。有些多变量的比较复杂的实验设计，更适合专业研究人员操作。对学校教师来说，涉及知识、技能等低层次教学目标的教学方法，更适合验证其有效性。这类选题看似不够"高级"，但做得好也能以小见大，有独特的研究视角和有说服力的证据。

1. 关注知识技能领域

严格意义上的实验研究有一套严谨的学术规范和相应的技术方法，操作难度较大。对于一线教师来说，知识技能领域的教学目标容易把握和测定，因此更适合做实验研究。《上海教育科研》曾经刊发过多篇小学语文教师的实验研究报告：《小学中高年级语文学科熟词免抄实验的研究报告》《生字抄写指定遍数与自主抄写的效果比较——基于小学三年级语文作业的实证研究》《一年级学生"前书写能力"的起点分析和教学改进》《一年级学生抄写生字四遍与八遍的效果比较试验》。

实例
4.11

小学中高年级语文学科熟词免抄实验的研究报告 [①]

一、问题的提出

所谓熟词，即学生在以前的课文中已经学过的词语，教师在课文中挑选出一些让学生抄写。无论是生字词抄写还是熟词抄写，一般学校都要求学生抄写 4 遍，这是小学生语文学习

---

① 余祯：《小学中高年级语文学科熟词免抄实验的研究报告》，《上海教育科研》，2012 年第 4 期，第 72—74 页。文字有改动。

的常规作业。以上海的小学语文中年级教材为例，学生学习一篇课文平均的抄写量如下表所示：

抄写内容	字词量（平均）	要求抄写量（平均）
生字词数量（教材规定）	8～10个	每个4遍
熟词数量（教师划给学生）	20～30个	每个4遍

拟在小学中高年级（三至五年级）学生中进行熟词免抄的实验，假设通过实验可以证明免去熟词抄写并不影响学生的有效记忆，那么学生的字词抄写作业量就将减少约3/4，这样就可以大大减轻学生的作业负担。

二、实验设计与实施

1. 随机分组。

在本校三至五年级中，根据教师自愿报名情况随机选择6个班级为实验班，共计216名学生。这6个班级的语文教师参与实验和数据统计。

根据各班学生学号，每班分实验组与对照组两个小组。其中单号学生为实验组，双号学生为对照组。

2. 分组实验。

步骤一：同年级两个实验班的老师统一教学进度，选择一个单元的教材（包括5篇课文）进行实验，并且统一在课文中划抄熟词的数量。每学习一篇课文后，实验班教师都会分别给两组学生布置作业——实验组学生免去熟词抄写作业，但是仍然布置该组学生默写熟词的作业；对照组学生要求抄写熟词并复习默写。次日，实验班教师给全班同学听写这些熟词，并分别对两组学生的默写情况进行批改、统计正确率。正确率统计的步骤为：

（1）统计个人默写得分率，如某生25个熟词默写中有20个词语默写正确，该生默写得分率为80%。

（2）统计两组平均得分率，即分别计算两组所有学生得分率的平均数。

（3）一个单元的五篇课文学习结束后，分别统计两组学生五课的平均得分率，即计算五课默写平均得分率的平均数。

步骤二：进入第二个单元（五篇课文）的学习，各实验班将实验组和对照组对换，即实验组需抄写熟词，对照组免抄。实验班教师以同样的方法对默写情况进行统计，统计程序同"步骤一"。

步骤三：一个月后，在6个实验班的学生没有复习准备的情况下，进行两次听写词语测试。第一次听写测试的词语在第一个单元的熟词中抽取，第二次听写测试的词语在第二个单元的熟词中抽取。同年级的实验班学生同时听写，听写的词语和数量都相同。根据学生默写的情况，实验班教师再次统计默写的正确率。

复测默写正确率统计表如下：

班级	第一单元		第二单元	
	实验组（免抄）	对照组（抄写）	实验组（抄写）	对照组（免抄）
三（1）班	86.3%	87.9%	89.8%	91.3%

班级	第一单元		第二单元	
	实验组（免抄）	对照组（抄写）	实验组（抄写）	对照组（免抄）
三（5）班	85.5%	86.1%	87.7%	88.7%
四（3）班	88.9%	87.4%	86.2%	88.1%
四（5）班	86.2%	87.0%	87.3%	87.8%
五（1）班	90.9%	89.6%	91.7%	91.2%
五（5）班	88.4%	89.5%	90.8%	89.9%

三、实验的结论

实验结论：小学中高年级语文学科可以免去学生熟词抄写的作业。理由陈述：

1. 小学中高年级熟词抄写作业耗时多，作业形式学生不喜欢，与默写正确率之间无明显正负相关性，是可以免去的作业。

2. 在小学中高年级实行熟词免抄，仅要求默写的做法，受到学生和家长普遍欢迎。减少了作业量和作业时间，学生作业负担减轻，学生复习记忆熟词的积极性增加，默写正确率没有受到影响，相反还有小幅的提升。

3. 艾宾浩斯认为：输入的信息会成为人的短时记忆，如果不经过及时的复习，这些记住过的东西就会遗忘，而经过及时的复习，这些短时的记忆就会成为人的一种长时的记忆。因此保持记忆与复习的过程有关，对于已经学习过的熟词，教师应该指导学生如何通过复习和默写的方法记忆，而不是再一次抄写。

4. 免去熟词抄写作业，为学生节省大量时间，教师可以指导学生利用这一段时间阅读自己感兴趣的书籍，制作读书札记或者参与其他语文学习活动。学生同样可以在这样的学习活动过程中，不知不觉地重温曾经学习的熟词。

5. 该实验于 2011 年 4 月至 6 月在黄浦区蓬莱路第二小学三至五年级 6 个实验班进行，9 月起在全校三至五年级 15 个班级全体学生中试点实施，学生作业量减少，语文学习积极性增强，语文学业综合水平在市、区各项水平测试中均名列前茅。

上述实验报告，选题切合"减负"大背景和学校教改的需要，实验设计也符合教师研究的主客观条件，既有一定的理论思考，也有清晰的实证步骤，研究结论有理有据，是一项质量较高的研究成果。其中，特别值得关注的是，实验设计采用了轮组实验法，很大程度上保证了研究的客观性和结果的可靠性。

2. 采用轮组实验法

教育实验研究的一种常见做法，是把实验对象分为学习基础相等的两类班级分别实施不同教学，如实验班采用新教法，对照班或控制班采用老教法，通过一段时间的教学及各自成绩来判断两种教法的效果。这种对比实验的方法看似合理，但却很难符合严格的实验规范，主要是因为两类班级的无关变量很难控制和平衡。包括两个班级的学习起点、学习习惯、教学方式和师资水平很难保持相同的状态。即使两个班级由同一位老师执教，如果他是其中一个班的班主任，那么产生的影响及效果也是不一样的。

为了避免上述弊端，实验研究中出现了"轮组实验法"，也称循环实验法。轮组实验是单组实验和等组实验两种实验形式的结合，就是把实验因素轮流实施于不同实验组，然后根据各个实验因素作用所引起的变化总和来决定实验结果。这种实验设计的好处有两个：一是平衡了被试组的差异，二是平衡了不同组实验的顺序效应（前一个实验的结果对后一个实验结果产生了影响）。在这样的实验中，两个组都是实验组，比如是两个条件不太相同的班级，先共同实施"讲授法"并测量两个班的平均成绩，再实施"讨论法"并测评，最后再对两种教学方法的平均效果进行对比，得出实验结果。这种实验方法避免了不同班级（实验组）间的无关变量差异的影响，但缺点是比较麻烦。

上述"熟词免抄"实验，给我们提供了一个轮组实验法的改进版。参加实验的六个班都是实验班，即没有设置对照班，但是在班内分组。每个班级中按学生学号的单双数，随机分为实验组和对照组两个大组，实验因素轮流施加于单号双号两个组，经过两轮实验，最后以不同抄写方式的总分判定成效。这个实验设计兼有了对比实验和轮组实验的特点，实验操作上也比较方便易行，体现了教师研究者的智慧。

生字抄写指定遍数与自主
抄写的效果比较 [①]

实验设计：采用轮组实验法，在舟山市定海区海山小学三年级（2）班进行。该班共有学生 54 名，分为甲乙两组，每组均包括好、中、差三类学生。整个实验分成两个阶段，每个月为一个阶段。

第一阶段，甲组学生每课抄写生字 4 遍，乙组学生每课抄写遍数按自己在课堂上的掌握程度在 0～4 遍之间进行自主选择，然后分别在第二天进行听写反馈，以了解短期识记效果，一个月后再进行相关生字总的听写测试，以了解长期识记效果。

第二阶段进行轮换。同时为了更好地了解作业负担，要求两组学生分别将每天抄写生字所需的时间记录下来。

本实验做短期识记和长期识记两个差异显著性检验，即两组学生第二天听写成绩和一个月后听写成绩是否有显著差异。在此基础上分析：

1. 甲乙两组学生抄 4 遍平均需要多少时间，自主选择抄写遍数后又需要多少时间；

2. 平均抄写几遍的效果最好；

---

① 张春雅：《生字抄写指定遍数与自主抄写的效果比较——基于小学三年级语文作业的实证研究》，《上海教育科研》，2014 年第 7 期，第 50—52 页。

3. 学生自主抄写的书写质量是否优于规定抄写遍数。

研究结论：对已有一定自主识字能力的学生来说，抄写生字 4 遍与在 0～4 遍之间自主选择抄写遍数的效果比较，差异是不显著的，说明用增加抄写遍数来提高作业质量的方法并不可取。如果在中低段的生字教学中，教师努力改进教法，激发学生识记生字的积极性，生字抄写的确可以少抄或者不抄。这就要求我们教师在课堂教学中，要激起学生识记生字的积极性，努力把短时记忆变成长时记忆，从而提高课堂教学效率，减轻学生抄写的负担。如果要进行生字抄写，那么无论是从抄写的识记程度看还是从书写质量看，抄写 2～3 遍达到的效果是最好的。

实例 4.11 和 4.12，可说异曲同工、殊途同归。虽然研究内容有差异，但研究思路和研究方法是一致的。二者都采用了轮组实验法，对小学生的词语抄写这个教改实践中的难点问题进行了实证研究，为语文作业减负增效提供了有效的方法和有力的证据。在前一项研究中，有 6 个班参与，在后一项研究中，参与实验的对象只有一个班级，在众多大型课题研究面前似乎显得有点样本量和代表性不足。但是目前这类实验研究仍然处于发展中阶段，成熟的成果不多，而上述两项实验有很强的现实针对性，同时在研究设计和方法运用上合乎规范，自有其独特的研究价值和借鉴意义。两篇论文发表前后，都曾得到审稿专家或读者的较高评价，这并不是偶然的。这类论文的发表也可以启发其他教师研究者，怎样依据自身的特点和优势开展实证研究。

从总体上看，实证研究特别是实验研究开展得还不普遍，高水平的成果也较少，但是物以稀为贵，实证研究仍然是一种十分有用有价值的研究方式，具有广阔的应用前景，值得教师研究者关注学习。这里还要指出目前实证研究存在的一些应用误区，就是不少课题研究存在着"为实证而实证"的现象，偏离了教改实践的需要和目的。这些实证研究所要验证的假设，往往是人们熟知的公理或常识，一般来说，没有重复验证的必要。比如"学习兴趣与学习成绩的关系""学习动机与阅读能力的关系"等研究，其实在研究开始前就知道学习兴趣、动机与学习成绩是正相关关系。为了表示课题研究的科学性或学术性，花费很大的精力去设计实施这样的调查和实验，得出一个已知的结论，对于教改实践的帮助不大。这类研究不如改做经验总结，提炼出几个在相关情境中激发学习动机的独特而有效的做法，可能更符合教师实践研究的特点和本意。因此，对于各种研究方法，应该认识到各有特点、各有长处，而不应该有高下之分。对于研究者来说，各种方法没有最好，只有最合适。

第 五 讲

叙事与说理：
蕴含在故事中的研究

叙事研究的思维特点和表达方式比较贴近教师工作实际，长期以来一直受到许多教师的青睐。但是不少人也感到，这种写法"入门不难，提高却不易"，特别是在各种评审和发表场合，叙事研究成果往往难以得到认可。其中一个重要原因，就是大家对叙事与研究、叙事与说理的关系的认识存在着分歧。

　　在某省一次师范院校系统的职称评审会上，一位教师提交了一篇已发表的叙事研究报告作为代表作，文章内容是描述几位师范教师专业成长的经历。在评审过程中，一位评委提出疑问：文章写了几位教师成长的故事，叙事有了，研究在哪里呢？另一位评委则表示，叙事研究有着不同于论文的表述方式，看待叙事中的研究也需要有不同的标准。最后这位教师还是顺利地得以晋升，但是评审中的波折却很有代表性，反映了人们对叙事研究的困惑和质疑。

　　叙事研究是否一定要有评析，叙事研究与案例研究有什么区别，叙事研究是否有可以参照的模式，叙事研究是否需要模式，对于这些受到普遍关注的问题，专家学者们的看法不一，至今缺少共识。下面结合研究现状，就有关问题做些介绍和探讨。

▸ 一、叙事研究与案例研究 ◂

其实讲故事并不是什么新鲜事物，叙事原本就是人类认识世界和表达思想的一种基本方式。只是许多年来，人们对科学研究的认识一直在追求以抽象演绎为特征的理论构建，而今又再次"发现"了以描述和解释为特征的叙事和案例研究的价值和需求。

除论文以外，案例是科研写作的另一大类别。20 世纪末到 21 世纪初，案例研究与叙事研究先后兴起，很快成为研究热点。在实践中，叙事式的思维方式切合了教师科研写作的特点和需求，叙事研究的提法也比案例研究带有更多的感性色彩，因此，叙事研究更受部分中小学教师的认同和欢迎。随着时间的推移，早期投入的热情逐渐转入更深层次的理性思考，特别是近年来结合新课改的进展，专家们倡导课堂观察、课例研究，案例研究又受到了更多的关注。

从方法论角度看，大部分叙事和案例研究是归纳思维的一种体现，属于质的研究的应用形式，具有质的研究的基本特征，如在自然情境中收集资料，对事件及细节进行整体的细致的描述、自下而上地归纳资料形成理论、在研究者与研究对象的互动中完成对事实的解释和建构等。由于目前叙事研究大多以经验描述为叙事基础，而少有以严谨设计的调查、实验或准实验为基础，所以一般都体现为归纳思维而少有演绎思维的特点。

作为研究和表达的方式方法，叙事研究与案例研究有着共同的方法论背景，这是二者的边界比较模糊的主要原因。有的专家主张把有无评析作为区分二者的依据，如单纯叙事的就是叙事研究，叙事后面有评析的就是案例研究。其实这个说法也缺乏理论依据，更难以实践应用。比如描述一堂公开课的文章，其中对课后研讨的描述算不算评析呢？而且许多叙事或案例研究采用夹叙夹议的写法，或者观点倾向通过情景描述来体现，作者也不一定要在文章结尾来一大段评析表达自己的看法。

（一）叙事与案例的联系

叙事是一种传达人的思想的语言表达方式。研究者通过对人、事、物的观察和描述，叙述了事情的发生、发展和结果，从而反映个人的经验和看法。而案例是一个特定的情境。案例是发生在一个特定的时间和空间范围里的事件，作为特定情境中的研究对象，比较集中地反映了研究者所关注的事情和问题。案例研究的情境性，使研究体现了一定的整体性和典型性，有助于对特定事件的反映和认识。

由于事情总是发生在一定的情境之中，而案例研究又往往是以叙事为主要表达方式的，因此也可称作叙事型的案例研究。在这种情况下，我们很难将二者截然区分，因此可以将二者看作同一概念。

叙事研究也不是一种基本的具体的研究方法。调查可以叙事，实验可以叙事，经验总结、行动研究也可以应用叙事的表达方式。一项教改成果，如果主要以事实描述的方式而不是数量统计或理论思辨的方式，系统地反映了研究的过程和结果，就可以称为叙事研究报告；在大多数情况下，也可以称为案例研究报告。但是，还有一些情况有所不同：一种情况是某些叙事缺少明显的情境性，如传记类的文字，往往时间跨度大，场景转化多，情境特征不太明显；还有些比较特殊的，如意识流的小说，其中事情发生的时间、地点、环境甚至人物面貌都不太明确清晰。这些叙事就很难与案例等同看待。另一种情况是，案例的表述方式并不局限于叙事，还包括议论、说明等重要方式。有相当多的案例研究，叙事在其中只占很小的比重，而主要篇幅在于对所叙之事的讨论和分析。这类案例，实际上是以叙事为基础、以说理为主要目的和表达方式的，可称为非叙事型的案例研究。

总之，叙事研究与案例研究既可能表现为相同或相似的形式，又可能呈现为不同面貌。因此从总体上说，二者又可被看作交叉概念。

（二）叙事与案例的区别

就研究的侧重点而言，叙事研究比较偏重于按时间顺序反映事情发展的过程；而案例研究则具有更强的空间感，更注重在特定情境里事物的组成要素及其相互关系。从语言学的视角来看，叙事研究反映了不断变化着的各个单位的相互关系，即有历时性的特点；而案例研究反映的是同时存在的各种形式之间的关系，即体现了共时性特点。因此可以说，如果是偏重于表现一段时间内的事物发展过程的，那么研究将注重叙事方法的应用；如果是偏重分析某个特定情境中的事物关系的，案例研究的特征将更为明显。二者的区别见表 5.1：

表 5.1　叙事与案例的特点及区别

	叙事	案例
基本性质	一种表达方式	一个特定情境
概念内涵	时间概念	空间概念
关注重点	发展过程	相互关系
思维方式	偏重感性认识	兼顾理性认识

　　由于在一项质的研究中，事情的发生情境与发展过程是一个错综复杂的研究对象，因而叙事与案例的边界往往比较模糊。一个长时段的叙事，实际上是由众多的情境构成的。案例情境就像时间河流里的一个断面或切片，也是叙事研究的基础或源流。因此，要进一步提高叙事研究或案例研究的质量，需要更多地关注一个教育事件中所包含的各种教育因素及其相互之间的关系。

　　由于案例研究关注的是事件的组成要素和各要素之间的关系，因此带有更多的"分析"特征和理性思考的成分；体现在表达方式上，就可能在叙述描写的同时，还兼有议论和说明等形式。尽管如上所述，但在大多数情况下，叙事研究与案例研究在文本形式上还是很难截然区分。一篇文章无论被称作"叙事"还是"案例"，对于一般教师来说，没必要过多地纠结于概念辨析，重要的是把握二者的内涵和侧重点，明确自己构思写作的方向。

▸ 二、叙事研究的参考模式 ◂

多年来，广大教师在科研写作的实践过程中也摸索形成了一定的叙事模式，这就是"一事一议"的教学反思模式。其基本结构是"故事＋点评"，即"情景描述"加上"感悟思考"；具体要求是描述要生动，思考要深刻。在实践应用中，这种基本模式还演化成"夹叙夹议""只叙不议"等变式。一般来说，"一事一议"满足了中小学教师参与学校教改和科研的需求，并提供了适合教师思维及表述特点的写作模式。随着研究的深入和需求的变化，单纯的"一事一议"模式也逐渐暴露出自身的一些缺陷：一是叙事容易与研究脱节，所谓点评往往成为追求所谓理论深度的空洞议论；二是叙事本身缺少研究，许多叙事只是流水账式的材料堆砌。显然，缺少方法论指导的单一模式还不能满足教师科研写作发展提升的需求。

由于目前理论界还不能提供一种公认的可供操作的叙事模式或叙事理论，因此我们只能从相关的研究领域中寻找理论支持。归纳起来，与叙事研究相关的理论模式及其应用，有如下几种基本类型。

（一）质的研究模式

关于质的研究的理论和方法，最初是在 20 世纪 90 年代初期，我国大陆研究者接触到了由台湾学者编译的有关著作。2000 年以后，北京大学陈向明教授的《质的研究方法与社会科学研究》及其姐妹篇《教师如何作质的研究》出版，产生了广泛的影响。从方法上看，质的研究并不如有些初学者所想象的那样随意，而是有一整套规范的做法。其基本步骤包括：

（1）确定研究问题；

（2）选择研究对象；

（3）进入研究现场；

（4）进行观察访谈；

（5）整理分析资料；

（6）撰写研究报告。

在上述研究过程中，第五步是一个关键阶段，其中又包含了三个重要环节：给材料编码—提炼本土概念—形成扎根理论。

从有限的资料看，所谓规范的质的研究方法，虽然在学术界影响很大，但应用范围仍局限于少数高校研究生的论文撰写。一些地方教科研人员和学校教师也在这方面进行了积极的尝试，但总体上看收效不大。究其原因，可能有两个方面：一是与传统的文献研究、经验总结、论文撰写等方式方法相比，质的研究往往更为费时费力，其严谨细致的研究步骤，使许多原先期望"早出快出"成果的研究人员和中小学教师望而却步；二是质的研究虽然比较重视感性的认识和表达方式，如观察、访谈、叙事、深描等，但要取得一定质量的研究成果（如提出某种扎根理论），仍然需要一定的思辨能力和理论功底。尽管不少研究者对"叙事研究"心向往之，最终仍知难而退。

质的研究模式是目前最为成熟、系统、影响最大的有关叙事研究的方法论体系，虽然离"理论要接地气"的要求还有相当距离，但是作为研究者的教师还是有必要有所了解。

（二）课例研究模式

课例研究的概念源于日本，已有上百年的历史，原本是指教师寻求提升课堂教学水平的一种校本的、合作的专业发展过程和形式。21世纪初以来，经美国学者的翻译介绍，课例研究开始流传推广至许多国家。

一般认为，课例研究包含三方面的含义：（1）本质上是一种行动研究，呈现为一个持续、循环的实践研究过程；（2）以教师的集体合作研究为主要形式；（3）以学生学习和发展中出现的问题为研究对象。从有关研究成果看，课例研究包括两种基本途径：一是课堂观察与分析，二是行动研究。

2000年以后，上海市教科院教师教育研究中心曾举办过多期"小学数学骨干教师国家级培训班"及"高级研修班"，尝试应用课堂观察与分析技术进行教师培训，在这类模式中较有代表性。这些方法技术包括：

（1）全息性课堂教学录音、录像；

（2）逐字记录的课堂教学实录；

（3）提问技巧水平检核表；

（4）提问行为类型频次表；

（5）语言流程图及巡视线路图；

（6）课堂教学时间分配表；

（7）课堂教学行为时间分布表；

（8）教学程序表；

（9）课堂教学效果检测表。

其中，提问行为类型频次统计见表 5.2：

表5.2 提问行为类型频次统计表

	行为类别	频次	%
问题类型	1. 常规管理性问题	4	5
	2. 记忆性问题	48	60
	3. 理解性问题	27	33.75
	4. 创造性问题	1	1.25
	5. 批判性问题	0	0

上表是对一堂小学数学课提问类型的统计结果。从中可见，这堂课的执教者提问数量不少（80个），但提问质量却不高，特别是记忆性问题过多，而创造性、批判性的问题严重不足。因此这堂课表面看来师生互动十分频繁，实际上学生的思

维参与度并不高。课堂提问行为还可以通过"提问方式""理答方式""回答类型""停顿时间"等角度来观察记录。再结合其他量表，更可以对一堂课进行全方位的系统研究，以揭示隐藏在课堂表象后面的问题。

这种模式的基本特点是，研究者以分工合作的方式，多角度地观察课堂，在收集大量信息的基础上进行分类统计，定量研究与定性研究相结合。与以往基于个人感悟的经验型听评课相比，这套技术确有其"科学性"和"先进性"，但也有操作比较复杂的缺陷，其实际效果也有待观察。因此不少教科研人员和学校教师一直试图对有关方法加以简化改进，以便更适应教师日常工作和研究的需要。本书第四讲中已经介绍了不同类型的课堂观察量表及其应用，可以看作课例研究的发展。

课例研究是一种对课堂教学的反思改进，在课堂观察与分析的基础上，呈现出一个持续、循环的行动研究过程。第四讲中对行动研究也做了专门介绍，可供参考。将这种课堂观察及行动研究的过程用描述加评析的方式表述出来，就可以称为课例研究报告或叙事研究报告。

（三）个人的教育史

所谓个人的教育史，是指以反映普通人的教育经历和成长过程为题材内容、比较私人化的描述性的文字记录，有别于以社会、国家、领袖人物等为研究对象的思辨性较强的"宏大叙事"。其研究形式包括传记、回忆录、口述史、采访记，以及对日记、书信、档案、文物等的研究。个人教育史的常见题材有：优秀教师的成长经历、一个"差生"的转变过程、一段学习或从教的经历、一个集体的发展或变迁、个人的自我剖析和反思等。许多优秀教师都写过反映自己成长经历的自传体文字，不少故事生动感人，又包含着丰富而深刻的人生感悟，成为感动、启迪和激励他人的一个重要的思想资源。于是，"个人的教育史"不仅有了个人意义，更有其社会意义。

个人教育史的研究和写作，是从个人的视角出发，围绕某个主题，通过一系列事件和细节的描述，反映一个人（或集体）的成长经历或转变过程。如何避免罗列事实、报陈年流水账，是个人史写作的首要考虑点。所谓"个人的教育史"，实际上是从以往的大量事实中选择性地叙述某些事件及细节。写好这类叙事的关键，是用现在的眼光来看过去，描述以往经验对于个人成长的意义，以及发现当时没有注意到的事物间的关联，或没有料到的事件后果及其影响。

2012年"黄浦杯"征文的主题是"成长纪事"，获奖成果集《教师成长的40个现场》，大体上反映了教师叙事写作的基本特点和最高水平。这本书的第一章就是"个人成长史"，其中包括六篇教师的成长自述：《跑步的人生》《坐着也能成长》《花开乡间》《一位乡村女教师的成长故事》《妈妈教师成长记》《我的阅读史》。这六篇文章视角各异、思路独特、内容生动、文笔流畅，从不同角度叙述了各自专业发展的经历，既有阅读趣味，又有思想启迪。

跑步的人生 [①]

生活有时真的就是这样：一件生活中的小事，有时会决定你一生的道路。用巴尔扎克的话说，一件小事，可以败坏你，也可以成就你。说来有点令人不信，成全我终身从教的竟然是跑步。

一、跑步：让我定下从教的决心

30年前，大学毕业，我与远、新等一同被很无奈地分到了一所乡下中学。除了"惺惺相惜"之外，我们还有一个共同的爱好，那就是跑步。但我们跑步的路径却不相同，我一般都在操场上一圈一圈地跑，周一至周六带着学生跑。远、新从不在校园里跑，也从不带学生跑。

跑步也许可看出我们的差别。喜欢跑公路的远，自然是越跑越远，三年后跑进了省城读硕，后来跑进了上海、北京，成了博导。喜欢跑山路的新，后来跑进了报社，成了一名编辑。后来当了电视台台长、文化传媒公司老总。在操场上跑步的我，受到学生的影响，逐渐喜欢起自己的学生，因而教学上相对投入一些，自然校长常常表扬。

让我终身从教的，和领导的表扬有些联系，但根本的还

[①] 选自王高年：《跑步的人生》，原载于张肇丰、李丽桦：《教师成长的40个现场》，华东师范大学出版社，2012年版，第3—8页。文字有改动。

是喜欢学生、喜欢学校这一方土壤。细究起来，可说也有点偶然，那就是一次看学生的晨跑。一个早春，晨曦初露，雨过之后的操场，空气清新宜人，随微风吹拂而至的是油菜花淡淡的香味和水田刚耕耘之后的泥土的气息。透过操场的铁篱笆，田野山坡满是春意。二十多个班级，一千多师生，就在这充满活力的季节，在弥漫着芬芳的操场上跑步，其场面多少有些壮观，看着看着，内心的激动油然而生。

二、跑步：对教学的启迪

操场上的跑步锻炼了毅力，培养了恒心，教育教学掌握知识也同样如此。我对学生说，高中三年的学习，是一次充满艰苦而又温馨的长跑。有的学生坚持了一年半载进步不明显，就想放弃。我又以跑步来开导：跑百里者半九十。

三、道德跑步：不让一个学生掉队

最典型的是班上的小胡兵，科任老师没有一个不讨厌他，同学大多也不喜欢他。我教他三年，是一次名副其实的"道德长跑"。谈心，家访，开班会，表扬，批评，学校处分，学校表扬，凡是可行的教育方法，我都实行过。我的目的只有一个：不让一个学生掉队，不让一个学生中途辍学。

四、教坛跑步：开弓没有回头箭

20世纪80年代初的中文本科生，要改行进机关，机会还是有的。人的劣根性是自私性，还有喜欢和他人比。我也有这样的劣根性。但人除了劣根性，还有正气，还有正确的价值观。我的正确的价值观，就是我能比较理智地处理自己与他人的关系，以及对待权力、地位、金钱的关系。

如果说一个人的漫长生命里只有很少的几件事情可以说是神圣的话，那么操场上的跑步、教学上的跑步、育人上的跑步这些事情，就是其中最突出最神圣的。苏格拉底说过："未经审视的人生，不值得过。"两鬓渐白的我在审视自己的人生之路时，跑步是第一要记取的。如有可能有下辈子，我还愿做一个校园里的跑步者。

实例
5.2

坐着也能成长 ①

我年届五十，因身体原因，坚决要求从中学校长岗位"急流勇退"，终被安置到区教育局下属的教科室。身居闲职，又不谙业务，大有"一张报纸一杯茶"的"报茶工作"之嫌；且书生的习气尚存，所谓"进取"的童心不灭，故还是感觉有点儿闲得慌。有好事的道士强说我有创业的第二根命脉，或将东山再起。我虽一笑付东流，但日后发觉，自己也竟能"老有所乐、老有所为"，便感慨"坐着也能成长"的"知天命"之论。

---

① 选自舒家华：《坐着也能成长》，原载于张肇丰、李丽桦：《教师成长的40个现场》，华东师范大学出版社，2012年版，第9—12页。文字有改动。

坐等：门可罗雀。偶有来人，要么是来找对面的"老教科"求教的基层优秀教师，要么是来看望慰问我的旧日故交。

坐听：恍若隔世。"老教科"是我区的一位化学名师和国学名儒，我在一旁陪听。听着听着，似乎感到自己作为曾经指挥过几十号教师和近千名学生搞教育教学的"老校长"，在过去的岁月里，白干了一场。

坐读：胜读十年。一次到宁波市教科所办事，带回来一些获奖成果文本，看到其中我所知道的学校或教师的文本，感觉非常亲切，如获至宝。

坐想：如梦初醒。不分优秀与否，都拿来翻看。这不全是为了看，而是为了想：什么叫真，什么叫假；什么叫实，什么叫虚；什么叫专业发展，什么叫沽名钓誉；什么叫团队合作，什么叫坐享其成；什么叫研究，什么叫工作；什么叫创新，什么叫折腾。读来如梦初醒。

坐观：渔翁得利。有资料作幌子，可招徕"生意"，来客也就渐渐多了。相互聊起来，有欣赏，有比较，有提问，有质疑，有解答。问者有所得，答者有所荣，相互自得其乐。

坐问：教者也学。优秀学生的最主要特征应该是"好问"。先问问师父，问问领导，接着就问优秀老师。谁撞上门来，就先问一两个问题；谁不上门来，就去电话邀请；谁不来就过去，说是"下基层调研指导"，实则是师父和领导在指导，而我先调研学习。

座谈：学者也教。我很明确"教者之学不为学，而是为了教"对于我的意义。于是，有虚心者来访，我开始诚惶诚恐地与他座谈，进行"试教"。过了一段时间发觉"我听过了我忘记了，我看过了我知道了，我说过了我理解了"等"学习金字塔"理论何其正确。

坐论：煞有介事。也许是我的"高论"使得一部分来访者臭味相投，也许各校不得不搞的"校本培训"缺乏容易请到的"外来和尚"，反正，我居然陆续被许多学校视为可以滥竽充数的"草根专家"而邀请到校指导。

坐诊：门庭若市。于是乎，我的工作日变得日益紧张和充实：日均接待来访十余人次，最多的几天日均近三十人次，大有"谈笑有鸿儒，往来无白丁"的错觉。退休在家的师父偶然回来看看，也觉得后生可畏——基层教科工作已经开始贴着地面飞行！

是啊，坐着成长，宁静致远，教科的天地真大，也真够你去成长——不管你多老。

一个人的成长经历涉及面广、包容量大，因此叙事研究首先体现在对材料的选择和提炼上。上面两篇文章的时间跨度都比较大，人物经历也比较复杂，因此很容易形成材料的罗列堆砌。好在两位作者都有独特而深入的思考，提出了各有特色的选题视角。"跑步"和"坐着"，一动一静，一张一弛，看似相反，其实相成，都能够生动而贴切地反映个人成长的特点和经历。个人成长的叙事有没有模式？从上述两篇文章看，似乎有也似乎没有。说"有"，二位作者都巧妙地用一个行为动作的比喻，作为全文的立意依据和贯穿线索；说"没有"，他们的文章也只是众多视角中的一种，而各人的成长道路各不相同，或跑或坐，天南海北，写自身成长经历就不可能套用他人的简历。个人的人生感悟，只能来自于各自的独特经历。这里正用得上作者引用的名言："未经审视的人生，不值得过。"

从叙事与说理的关系处理上，两篇文章都采用了夹叙夹议的写法，叙事与说理融为一体。总体上两文叙述多而描写少，加之夹杂议论，容易读来枯燥无味，但是流畅而幽默的文笔大大增强了文本的可读性。这类写法也是两位作者根据各自的思维和语言风格形成的，就如许多教师作者和读者可能偏爱描写和抒情，如上述六篇"个人成长史"的后四篇，文笔更为生动活泼，也是另一种风格选择。

从研究方法的角度看，个人教育史的研究是一种调查研究和经验总结，这里的调查包括查阅文献、实地考察、实物分析、人物访谈等方法。从研究现状看，怎样充分利用各种途径收集素材，应用不同表述形式来反映个人（自己或他人）的经历，还没有得到研究者的足够重视，因此叙事的主题和形式往往比较相似而缺乏个性，写得有特色的不多，还有许多领域和题材没有充分开发。比如在各种投稿中，写"差生"转变过程的选题很多，而写"优生"进步的题材就很少，诸如此类，还有很多值得关注的选题视角。也可以说，个人教育史的研究和写作有着十分广阔的发展前景。

（四）关键教育事件

"关键事件"原是用于企业管理和经济研究的一个概念，后来被借用于教育研究领域。有关论著21世纪初从国外引进，开始在国内学校科研中产生影响。所谓"关键教育事件"，是指对教师有特别影响和启发的，甚至改变了原有观念和发展方向的事件。经验离不开经历，而经历由事件构成。围绕关键教育事件的主题，选取工作、学习和生活中值得回忆和思考的细节和事件，揭示其中所蕴含的意义、价值及方法策略，有助于反映关键教育事件对自身专业发展和学校教育改革的影响和作用。

关键教育事件，是由研究者"创造"而不是"发现"的，即某些看似平常的事件，被选择并赋予了丰富内涵和启迪意义，并用作教师培训的讨论材料。上海市长宁区曾在20多所中小学进行了关键教育事件的实践研究，并提炼出一套系统的教研模式。其教研活动和案例写作的基本流程如图5.1[①]所示：

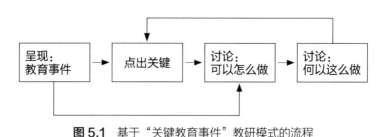

图5.1 基于"关键教育事件"教研模式的流程

---

① 陈晞：《基于"关键教育事件"的教研模式》，《上海教育科研》，2010年第4期，第4页。

上述模式由四个基本环节组成：（1）呈现"教育事件"。一般由培训组织者准备并呈现材料，事件的反思价值取决于组织者的专业敏感性。（2）点出关键。指出教学行为所存在的问题或事件的症结（如"为什么教师反复讲解后，学生考试时还出错"）；也可以在经过第三、第四阶段的讨论后再"点出关键"。（3）讨论"可以怎么做"。这是培训中教师最愿意参与的环节，培训者可以事先准备一些相关做法供参考。（4）讨论"何以这么做"。能够说出一定道理的，一般是专家型教师或少数经验型教师，组织者也需要具有一定的理论联系实际的能力，梳理归纳讨论中的真知灼见。有关实例可参见本书第一讲。

研究者把关注点聚焦于某个值得深思的事件或细节，以小见大、举一反三，有助于培养观察情景、发现问题的能力。一个事件是否关键，是否有意义，在于研究者对于事件内涵的解释，所以关键事件带有一定的主观性。通过对事件的释义，研究者揭示了其中蕴含的意义价值，可以给人更多的启示和联想，从而提高分析问题、解决问题的能力。由于各人观察和思考的角度不同，对事件的解读也必然是多种多样的。相比理论学习，对关键事件的不同看法的表达交流，更容易引发讨论，有助于开拓思路、激发思考。以关键教育事件为载体的讨论形成了多元开放的学习共同体，是开展教研活动和教师培训的一条有效路径。

三、关键教育事件的写法

在本讲介绍的四种理论模式中，关键教育事件模式是目前在教师科研写作领域中影响最为广泛、操作性最强的一种，因此本讲中单列一节介绍有关研究和写作的思路方法。

人在生活中经历的事件，可以分为"大事"和"小事"两大类。一类是显而易见的大事，比如考上大学、当了教师、调动工作、第一次上公开课、第一次获奖等。大事对人的影响也大，但大事不一定就是关键教育事件，因为事件是否关键，是否有教育意义，还是要看这个事件是否对人的思想行为的发展变化带来明显的影响。另一类是容易忽略的小事，小事是否有意义，各人的感受、看法可能差异更大，这与经历过的大事一样，都需要选择和思考。但一般来说，关键教育事件的研究更看重"小事"的发掘，从不引人注意的小事中发现其中蕴藏的价值意义，往往给人以更多更大的启发。

进一步分析，关键教育事件还可以从"事""课""人""物"等角度予以分类说明，以便于教师了解和借鉴。从关键教育事件这个大概念来看，后三类当然也属于"事"的范畴，因此更严谨的说法是，第一类"事"指的是不包括从课、人、物等特定角度来引出和描述的一般事件。

（一）事的角度

从一件事的角度切入或引出一个事件系列，是比较常见的选题和写法。各种各样教育教学、课内课外、工作、培训、生活中的事件都可以作为选题的来源。比如对课堂上某个特别现象或学校里突发事件的处理，往往就反映了教师的教学智慧、管理能力和教育观念的不同特点。

实例 5.3

朋 友[①]

进入四年级，班上的同学大都有了较为固定的好友，形成了两三人或更多人组成的"要好"群体。不料班上却兴起了一股"绝交风"，"如果你跟某某玩，我就跟你绝交"。这股风从女生那边兴起，蔓延到男生中间，矛盾逐渐公开化了，甚至有同学为了保住"友谊"而帮助"要好"的同学去打闹。班主任杨老师决定在午休时与大家讨论一下这个问题，她在黑板上写下了一句英语谚语"A friend in deed is a friend in deed"。很快有同学举手回答，"患难见真情""当你需要的时候，能帮助你的朋友就是真朋友"。经过讨论，同学们对"需要"和"真朋友"有了更深入的理解，女生小池的话更让老师和同学吃惊："人是自由的""不能阻止与别人交朋友，更不能威胁自己的朋友"。第二天中午，杨老师又组织同学们做了一个"邀请新朋友，不忘老朋友"的游戏，一场"绝交风"就算过去了。过后杨老师发现，以同伴影响同伴，以游戏取代说教，效果出

---

① 根据杨婷老师的《朋友》一文改写，原载于张肇丰、李丽桦:《教师成长的40个现场》，华东师范大学出版社，2012年版，第143—147页。

乎意料的好。从此，讨论法加游戏法，成了她最钟爱的处理人际关系的指导策略。

这是一位小学教师对关键事件的一种理解和描述，曾在2012年"成长纪事"征文活动中获一等奖，并得到了评委们的一致好评。小事情蕴含着大道理，具体地说，这个案例的意义价值可以概括为两方面：（1）从事件的处理经过中提炼出具有普遍意义的教育方法。作者不是简单地描述事件情境，而是能够结合经验总结，提炼出处理人际关系和班级工作的有效方法，即讨论法加游戏法。（2）能够有意识地用理论来解释故事发生的经过和结果。作者借用美国著名心理学家科尔伯格的基本理论，特别解释了女生小池在班会讨论中所起的重要作用，即道德水平高出一筹的同伴将有效地影响和促进其他同伴的发展。从理论与实践结合的角度看，作者正是对这个事件有了比较深刻的理解，因此讲述故事时才能做到条理清晰、不枝不蔓。

（二）课的角度

选取某一节课的片段或细节切入，引出关键教育事件的讨论，也是比较常见的视角。与一般的课例研究相比，关键事件的研究不强调对一节课的全面系统的观察分析，只是关注其中某个有特别启发意义的细节或片段。

《新西兰花展》①

　　这是一堂三年级语文课，课文介绍了花展主办方在预展时特邀当地社区的残障人士参加，体现了"人们应该关爱残疾人等特殊群体"的理念，带有较强的人文性。在教学过程中，教师针对教学目标让学生自由提问。有位同学问："为什么要在花展前一天对特殊群体开放？"老师夸奖道："你的问题很有探讨价值。"有同学又问："智障者是什么意思？"老师一愣，还是解释说："是指那些相对于普通人来说智力较为低下的人。"接着又有同学问道："传统是什么意思？"老师感到不是预设的问题，于是冷冷地解释"那是一种风气吧"，接着就问："谁能提出更有价值的问题？"提问的同学有点尴尬，默默地坐了下去。

　　课后的教研活动中，执教老师提出教学中遇到的主要问题是"学生不会提问"，总是提出一些没有价值的问题。其他听课老师也有同感，于是大家围绕"学生不会提问，不会抓住关键的词语和句子提出问题"展开了讨论。有的教师建议加强理解重点词语的方法指导，有的教师提出对关键词语配上音乐朗读效果更好。这时特级教师徐老师突然发问："老师们，什么是问题？什么是你们心目中有价值和无价值的问题？"见大家都愣住了，徐老师继续发表自己的看法：

---

① 根据案例《老师心目中有价值和无价值的问题》改写，原载于陈晓、高学栋：《突破瓶颈——基于"关键教育事件"的教师教育》，学林出版社，2010年版，第174—175页。实例标题为本书著者所加。

问题就是学生不明白的内容，它可以是对关键语句不理解的地方，也可以是对一个词语的不理解。老师们心中通常有这样一把尺，能够突出课文的重点内容的，能让教学过程顺利进行下去的问题就是有价值的问题；不是本堂课的重点，或不是事先预设好的一些小问题就是无价值的问题。你们想想对吗？那位同学提出什么是"传统"，我觉得是个好问题。"传统"一词的意思可以让学生查查字典，了解到那是一种世代相传的风气，再让他就"为什么有这么一个传统"谈谈感受，就能进一步明白社会文明程度的含义。

这个模式的特点是抓住课的疑点提出不同意见，以此引发讨论和思考，有一定的思考深度。运用这个分析模式对教研活动主持者的要求较高，讨论前需要寻找合适的课例材料，并对讨论过程有适当的组织引导。从学校教研活动的现状来看，更多地区和学校的教师对课的分析，可能还是更偏重于对优秀课例的发掘。但总的来说，无论是提出疑难问题还是总结成功经验，都需要以小见大、凸显事件的"关键"之处。

（三）人的角度

从人的角度切入叙事，有一定难度，但写好了会给人以特别的印象和影响。"重要他人"是一个社会学、心理学的概念，是指在人的成长过程中某些有特别影响的具体人物或群体。根据不同的人物关系，还可以分成不同的人物和人物关系类型。例如：互动型与偶像型的重要他人，积极型与消极型的重要他人，单个与某个群体的重要他人，不同年龄阶段的重要他人等。把有关人物及其交往事件提炼出来，就可以作为重要的教育资源。

实例
5.5　　　　"学有人"与"大象老师"①

　　这是一个语文"差生"与一个大学生的交往故事，"学有人"取自《论语》第一章第一则的三句话的第一个字，用以自勉；大学生姓项，安静却富有能量，故得名"大象"。"学有人"的初二语文期末考试只得了50多分，对一篇简单的现代文也难以阅读、理解，家长很着急，担心他考不上高中。面对现实，"大象老师"决定"以学生为本""因材施教"。其后他选用了《新民晚报》的浅近短文为教材，从解词造句开始指导学习。经过一个暑假的词句训练，再过渡到短文阅读写作和文体知识学习，实现了从词句到文章的突破；再进一步重点学习文言文，以经典滋润精神，"学有人"的笔名由此而来。中考成绩揭晓，总分120分的语文学科，"学有人"获得109分。进入高中后，两位师生继续阅读中外名著，并商定了一个学习目标：写一部代表作品，并找一个有公信力的比赛或机构进行

---

① 根据项恩炜的《"学有人"与"大象老师"》一文改写，原载于张肇丰、李丽桦：《教师成长的40个现场》，华东师范大学出版社，2012年版，第56—62页。

鉴定。在高二阶段，"学有人"以一篇《艺术·人·真诚》的习作获新概念作文大赛全国二等奖，从此走上了读书、写作、投稿的道路。再后来，也当了老师的"学有人"给"大象老师"来信，诉说了自己的成长感悟，"教育者的素质之一就应该是：直面问题。学会从自身找原因，永远不要说孩子笨"。与此同时，"大象老师"也体会到与"学有人"相处的日子给自己的极大影响，"一个信念越发坚定起来：我就是做老师的料"。

这是一篇从"人"的角度来写"事"的优秀作品，故事生动曲折，人物形象鲜明，富有可读性和启发性。从选材立意的角度说，本文有两个突出的优点：一个优点是善于抓取关键性的细节反映作者的教育理念，如写师生第一次见面时分析初二期末试卷。面对一篇现代文，老师发现学生不仅不能把握全篇的大致意思，连对其中的关键句、重要词语都一片茫然，于是下决心从头开始给学生补课。这个细节准确生动地体现了教师对生本理念及教学策略的理解和把握。另一个优点是突出了教育者本身在施教过程中的成长，即体现了教学相长的理念。作者跳出了描述有效教学方法、总结先进教育经验的框框，注重把家教成功的经验与个人成长的经历紧密地结合在一起，始终把自己定位为学习者、探索者、思考者，令人信服地展现了教学相长的美好经历和结果。

（四）物的角度

从物的角度写事并不多见，但通过一个物件引出相关的人和事，却是一种值得学习借鉴的写作手法。俗话说，见物生情，睹物思人，用物件做引子来构建故事情节，也是一个很好的思路。比如老师们逢年过节常常会收到学生寄来的贺卡、信件、礼物或发来的微信问候等，这里面往往包含着许多值得回味的往事。此外，一本书、一支笔、一首歌、一幅画、一部手机、一件衣服，等等，都可以作为关键教育事件的引子和线索。

实例 5.6

集体书信：架起心灵沟通的桥梁①

我从教的第二年，也是第一次接手一个班级。从六年级到七年级，换了班主任，学生们会不会因此而对我产生抵触情绪？会不会知道开学第一天要做的准备工作？会不会在开学前无所事事？一连串的问号敲击着我这位新上岗的班主任。在学生报到日那天，我将一大叠有自己签名的《开学第一信——致幸福七（1）班全体同学的一封信》，按班上学生数一一用信封装好，亲手交给每位同学。信中我这样写道：

---

① 根据张耀的《集体书信：架起心灵沟通的桥梁》一文改写，原载于张肇丰、李丽桦：《教师成长的 40 个现场》，华东师范大学出版社，2012 年版，第 188 页。

我叫张耀，你可以叫我张老师，也可以叫我小张老师，如果你叫我"老师"的话，我可不知道你在叫谁。我是一个积极向上的人，当然我更希望看到你向我学习，我会更欣赏你！不管你是家庭富裕的还是家庭清贫的，不管你是学习优秀的还是学习需要进步的，不管你在六（1）班是辉煌的还是暗淡的，我都会公平地看待你，细心地关心你，尽心地教育你。……

作者以信为线索，构成了文章的基本框架内容，叙述了班集体建设过程中的一些风波和感悟，视角独特，叙事生动，给人以新鲜的阅读感受。这位班主任上任一年来，写了六封触动学生心灵的集体书信，起到了独特的教育作用。曾有一位家长打电话给张老师说："今天无意间看到张老师致幸福七（1）班的信，很感动！孩子存放得很好，谢谢！"常言说，文无定法。每个人都有自己的独特经历和表达方式，如果有一个合适的物品可以作为关键事件的载体，就可以尝试作为研究和写作的切入口。

‣ 四、叙事文本的写作策略 •

许多教师和研究者偏爱"叙事研究"，其实是看好其既行"叙事"之实而又有"研究"之名。然而从心理学角度看，虽然"研究"也可包括直觉、体验、感悟、想象等非理性因素，但其主要成分还是分析综合等理性的思维方式。凡属"研究"，就离不开探寻事物真相和性质的理性思考，这是它与偏重审美功能的文艺创作的基本区别，即"求真"与"求美"的区别。我们应该认识到，"叙事"是"研究"的一种独特的表达方式，但它并不能等同于或者替代研究本身。事实上，一项好的叙事研究，其感性的表达都是具有理性的认识基础的；或者说，好的叙事应该是有思考的叙事。因此，除了附着在故事后面的点评和启示，一个叙事研究者必须思考："故事中的研究在哪里"。

教师的研究和写作能力，有一个逐步提高的过程。从方法策略的角度说，首先在教研活动的组织设计上应该给教师提供合适的交流平台，在学习借鉴的基础上，让更多的教师能够参与其中。上海市崇明区教育学院前些年开展了让教师讲述自己的教研故事的研讨活动，总结提炼了几条组织实施的行动策略，其中第一条就是"设置多元入口，人人参与讲述"，具体方法包括：一是传讲自己听来的、书本上看来的故事，这是人人能做到的；二是讲自己现场观摩到的、他人的，但由自己写下来的故事；三是讲自己的故事。[①] 从根本上说，教师参与研究的程度，是一种实践反思能力的体现，需要在长期的学习和研究过程中逐步提高，而尝试讲述自己经历的关键教育事件，是提升自身反思能力的一个有效途径。就写作的文本结构和表

---

① 引自宋林飞院长在长三角城市群"关键教育事件"研讨会上的主题报告，2019 年 3 月。

述方式来说，有几个可供参考的写作策略。

（一）开头：从有意思到有意义

有意思是说一个故事应该有一个吸引人的开头以及后续情节，但是单纯有趣和吸引人是不够的，作为以故事为载体的一项研究，还应该有意义。关键教育事件的研究不是文学创作和赏析，而是在吸引人之后给人以更多的东西，包括分析事件发生的来龙去脉，进而影响人的思维和行为方式。因此，描述一个关键教育事件之前，研究者必须思考叙事的主题，要思考什么是"关键"，又能起到什么样的"教育"作用。

现在许多教师叙事的一个常见问题是内容比较庞杂啰唆，看似生动有趣却让人不明所以。这些作者可能认为当时的事情经过就是这样，自己不过是如实记录而已，其实这混淆了研究素材与研究成果的区别。有闻必录只能算是课堂实录，而根据一定的主题对素材进行选择、加工及解读，才是研究。为了强调叙事的意义和主题，崇明区的做法是要求在每篇教研故事的开头增加一个"问题导向"或称"智慧看点"的环节，提示本文所要解决的问题和思路。当然，这样的导入就带有一定的理性色彩，有可能会影响叙事的生动性。如何把握有意义与有意思的平衡，还需要教师根据具体情况摸索更适合自己的表述方式。

（二）中间：从故事引子到叙事线索

叙事有了一个好的开头，还要有一个比较清晰的叙事线索，即不仅呈现一个事件场景，而且最好让这个事件成为贯穿整个叙事的线索，起到联系不同片段和推动情节发展的作用。有些教师在文章开头描述了一个有意思的事件，但其后的叙事往往与这个事件关系不大，使开头成为一个纯粹的噱头，这样就淡化而不是强化了文章的主题，使叙事的重点和目的变得模糊不清。

有些叙事的时间跨度较大，涉及的事件内容较多，因此有一个明晰的叙事线索就更为重要。如上文提到的《"学有人"与"大象老师"》，开头描述了师生二人上第一课的场景，学生面对试卷一筹莫展，几乎一言不发。于是老师认识到不能按初三学习内容来设定教学进度，下决心从学情出发"因材施教"。其后的语文家教，基本上按"词语—句子—段落—篇章"的线索循序渐进，由易到难，由读到写。整个叙事过程以学生能力发展为线索，脉络清晰、层次分明，通过描述师生二人的交互影响，很好地体现了作者对"我就是做老师的料"的认识过程。

（三）结尾：从泛泛而谈到深度解读

一个好的解读往往能够提升一个平庸的故事。一个日常事件之所以能够成为关键教育事件，就在于研究者独到的眼光和思考。换句话说，有了与众不同的眼光，才能描述出被他人忽略的细节和状态，才能发掘出日常事件中所蕴含的价值和意义。

《朋友》一文的结尾，作者做了这样的反思："我也没想到，小池会说出那句'人是自由的'。如果换一个班级，换一批学生，我确实没有把握这场讨论会达到这样的深度。但是，我相信，既然有这样一个小池，那至少能说明，之前我还是把孩子看得浅了。而其他孩子的反应同样证明，他们是听得懂这样一句话的。就如科尔伯格在道德两难问题讨论中指出的，如果孩子们能有机会和高出自己一个水平的孩子们进行道德问题的讨论，他们的道德发展将得到有效的促进。"

超越就事论事，对所经历的事件有理性的思考，就是一种教师的实践反思能力。学会理论与实践相结合，不是在故事结尾讲一些貌似深刻的大道理，而是有了一定的理性思考的基础，故事本身会有一种不同的呈现方式。有了对"关键"性质的理解，才有了关键教育事件本身，包括找到有意思而有意义的开头，梳理全文的线索和结构，以及对整个故事的深度解读。

（四）叙事的理论化

叙事的理论化，是指研究者有意识地以一定的理论观念为指导，构成叙事的基本线索和框架结构。表现在叙事文本中，所谓理论化大致有两种途径：一种是以不同的理论观念来概括几个主要事件，由此表现出事情发展的不同阶段或层次；另一种是以某种理论作为材料的分类标准，使零散的事实形成有序的结构。

香港中文大学尹弘飚教授曾谈到，他回内地做一项关于新课程实施中教师情绪变化的质的研究，在积累了一定的调查材料后，他模糊地感觉到这些教师的"心路历程"可以进一步分为几个类别，但总缺乏清晰而适切的想法。后来他借鉴鲍曼关于后现代社会中人们身份认同的理论，分析了四种类型的教师，即"领头羊""适应者""小卒子"和"演员"。在此基础上，他又引入了布卢默的自我、互动、结构三层次的象征互动论思想。"依照这个三层次架构，我所有的研究发现都可以各得其所、各安其位。对此，我只有衷心折服于大师的思想和经典的魅力！"[1]

叙事的理论化，在一些教师的叙事研究中也有所体现。中小学教师虽然在理论素养方面与专业研究人员有较大差距，但在理论与实践的结合上也有自己的特点和优势，不乏精彩的描述和阐发。这里的关键在于，不是生搬硬套某种理论，而是有个人化的感悟和应用。

实例 5.7

小刀事件[2]

安阳人民大道小学李老师班上发生了一件事：史良同学铅笔盒里的小刀不见了。正好下午思品课的内容是"勇于认错"，讲到华盛顿小时候失手砍倒樱桃树，向爸爸勇敢认错的事。李老师趁机把丢失小刀的事说了，并希望这个同学能主动承认。两天过去了，李老师正有点失望时，史良跑来说，小刀

① 选自尹弘飚：《学做质性研究：一位初入门者的反思笔记》，原载于陈向明：《质性研究：反思与评论（第2卷）》，重庆大学出版社，2010年版，第32—33页。
② 根据王晓雷、李霞《在交流中完善自我　走进学生的主体世界》一文改写，原载于《上海教育科研》，2003年第6期，第39—41页。

又回到铅笔盒里了！高兴之余，李老师还是有些遗憾。

下午又是思品课，李老师说了小刀被送回来的事，并让大家评价一下这个同学的做法。同学们的发言让老师很欣慰……也有的同学说："也许那位同学只是想试试小刀快不快，结果却又把衣服弄破了，他肯定很后悔，但当时又不想受到大家的指责，所以现在才把小刀还给史良。"李老师认为：如果那个同学再向史良或老师说明一下的话，我想他更勇敢。

事后，李老师在笔记本里写下了一篇《小刀又回来了》。师范学院的王老师来校时，李老师把这篇教学笔记拿出来向王老师请教。王老师肯定了她的探索精神，同时也与她探讨了为什么觉得这件事的处理仍不够完美。王老师提出，既然教育者要站在学生的立场上思考问题，是否一定要知道"这个"同学是谁呢？通过交流和思考，李老师对这件事有了新的认识。她重新整理了笔记，把题目改为"让学生拥有一个完整的心灵"，并在结尾加了一段文字：

大家总希望任何事情都有个结果，但我认为，对于这件事来说，虽然没有结果（不知道拿小刀的人是谁），但确是最好的结果。作为老师，我们不能事事处处都要求孩子的内心世界像玻璃缸里的鱼一样透明，没有任何遮掩地摆在我们面前。小孩子的心灵世界应该是既有被我们肯定的一面，又有允许他们保留仅仅属于他们自己的东西。尽管这个世界有许多的不尽如人意，但我们应尽力使他们拥有一个完整的心灵。

谁是教育的主体 ①

王静和罗非是某师范大学教育系毕业班的学生，这学期被分到某中学的初一（2）班参与班主任工作和数学教学的实习。班主任杨老师是一位年轻的男老师，教初一英语，第一天便带王静、罗非与学生见面。一进教室，原先很"热闹"的教室立刻安静下来。杨老师严肃地扫视一下教室后，嘱咐学生要听新来的实习老师的话。最后一排有两位个子不高的男生，好奇地交头接耳，杨老师制止了他们，并对王静和罗非说："他们有多动症，别管他们。"

在其后的实习工作中，王静和罗非发现这两位男生其实并不笨，也不是有什么"多动症"，而是想用各种方法引起老师、同学的注意。两位实习老师商议着要帮助这两位被"遗忘"的学生，认为关键在于发现他们身上的优点，并要让他们自己和其他同学知道。具体做法是在每次数学测验成绩出来后，特别强调这两位同学的进步，并提出其实他们可以做得更好。平时及时反馈指导这两位学生的任何问题，对他们的不良行为，用委婉的态度让其认识到自己的不对。一段时间后，这一举措就有了非常好的效果，其他学生开始注意他们，而他们自己似乎也对数学有了兴趣。期中考试时，他们的数学竟然分别得了 85 分和 96 分。

---

① 包小红：《谁是教育的主体》，《上海教育科研》，2001 年第 2 期，第 49—50，32 页。
文字有改动。

教育主体是反映在教育实践活动中确证了自己的主体地位的人，但只有具备发挥自身主体性的条件，即具有现实主体性的教师或学生才有可能成为教育主体。也就是说，教育主体是要在教育实践中得到确证的，而非委任的。教育理论界对"教育主体"作了大量的讨论，较传统的人认为教师就是教育的主体，是权威，进而将学生当作教师的对立面——客体；也有人认为学生是教育的真正主体，因为只有学生才是教育的内因，教师等其他因素是为了学生的发展而存在的外在因素；另外还有"双主体说""教师主导—学生主体说""复合主客体说"等。这种种理论其实都脱离了教育活动过程，而在没有对任何客观实际进行分析的情况下就将"主体"之名赋予教师或学生。为此，教师或学生可以在不负任何责任的情况下，想当然地处于较"优越"的地位，操纵着被沦为"教育客体"的另一方。

　　赋予教师或学生"教育主体"的称号，常常是徒劳的，因为实际上教师或学生是否能成为"教育主体"，还是不确定的。教育个体——教师或学生成为"教育的主体"是有条件的。这种条件就是成为教育主体，必须首先具备成为主体的条件——现实主体性，具体表现为自主性、自为性、选择性与创造性。在上述情境中，师生之间存在着三对关系，如下图：

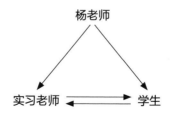

在杨老师与实习老师、杨老师与学生的关系中，杨老师不是一个合理的教育主体，实习老师与学生的主体性也受到压抑；在实习老师与学生的关系中，双方相互合作，在一定程度上确证了自己的主体地位。

上述两个案例呈现的具体事实，是中小学教育中的常见问题。如果按一般教师的处理方式来阐述故事及其蕴含的教育意义，如鼓励学生勇敢地承认错误、承认了错误还是好孩子，或者关注"差生"转化工作、不让一个学生掉队或"罗森塔尔效应"等，那么这两个案例还是一般的案例，给人的新鲜感和启发性并不多。但值得赞赏的是，这两篇文章的作者都有与众不同的视角和思路，写出了别具一格的叙事研究文本，其中作者的理念升华和理论思考则是体现"故事中的研究"的关键一环。

"小刀事件"是一个复杂情境，处理失窃事件的方式则体现了教师行为背后的理念。如果只有故事的前半部分，可能只是一个平淡的故事，而有了后半部分的转折，不仅使故事更有可读性，更重要的是故事的内涵更加丰富了，给人以更多的启迪。《谁是教育的主体》的价值意义，不仅在于提供了一个转化"差生"的成功案例，更在于从实践角度提出了一个教育理论的适用性和逻辑性问题。多年来主体论研究已成为教育理论研究的一门显学，有关"主体"概念的解读及流派大概不下一二十种。案例作者的观点在理论上是否站得住脚，是否能得到其他专家学者的认可，还可以再讨论。但是这个案例用具体生动的事实，启发了读者去思考怎样用理论来解释和指导实践、怎样避免理论研究脱离实际，是很有现实针对性和启发性的。

从叙事理论化的角度说，好的理念可以使一个平庸的故事得到升华。教师的叙事研究不仅是追求一个结果，更是需要一个过程。中小幼教师在教育教学实践中关注自己感兴趣的问题，进而开展叙事和案例研究，并获得某种形式的成果（如案例研究报告的完成或实际问题的解决）。在这个过程中，教师的研究成果不仅在于显性的叙事文本的呈现，更在于隐性的缄默知识的体验和获得。文本是叙事研究的一种载体和手段，而经历并尝试用文本来反映的特定情境并体会其中的意味，则是叙事研究的内容和目的。或者说，教师在叙事研究中获得的主要不是通常所说的理性认识，而是对感性与理性、情境与意义、实践与理论在特定教育情境中如何相互作用的一种体验，是一种情景理性、一种实践智慧。因此，经历和体验这种融合的过程就成为叙事研究的必然途径。

与一些专业研究人员的研究有所不同，教师进行叙事研究的过程与其教育教学的工作过程大体上是同构的，因此，其研究过程不是一个从理念到文本的线性过程（如理论准备—进入现场—收集资料—编码分析—形成案例），而是一个教育实践与理论思考交错促进的非线性过程。教师的叙事研究是教师通过叙事方式来反思和改进自身教育教学实践的研究。在这个研究的过程中，教师是研究者，而不仅是研究的对象；实际问题的解决是研究的目的，而不仅是研究的内容；教育行动和经验总结，而不是材料的收集和处理，构成了研究的基本过程。从思维方法的角度说，更多地体现为归纳思维而不是演绎思维的方式，或者是归纳思维为主的混合思维方式。

总而言之，"叙事研究"是一个感性认识与理性认识、研究内容与表达形式的结合体，问题是怎样使这个结合达到恰如其分的平衡。无论是有关叙事研究的几种理论模式，还是体现叙事中的研究的一些方式方法，都是寻找这个平衡点的一种尝试。在理论和实践面前，我们都是叙事研究的初学者，还有许多故事等着我们去阅读和讲述。

第六讲

同化与顺应：
教师专业成长之道

●▶　　　　著名心理学家皮亚杰曾提出儿童认知发展阶段理论，涉及图式、同化、顺应和平衡四个要素。所谓图式，就是人们认识事物、适应环境的认知模式或思维结构。每个人在认识周围世界的过程中，都会形成有关事物的不同知识和经验的框架，也就是认知结构。人在适应环境的过程中形成了一种认知的平衡状态，当环境变化对人形成了一种新刺激，就出现了人与环境的不平衡状态。这种不平衡让人感到不舒服，于是就会试图通过改变来适应环境，以达到新的平衡（舒服）状态。同化与顺应，是指人适应环境的不同方式。同化，是不改变原有的认知结构，直接接纳新刺激，图式只有量的变化。顺应，则是在原有认知不能解释新刺激时，就要改变原有认识以适应新情况、新事物，这时图式就发生了质变，人的认识达到了一个新水平。皮亚杰认为，儿童认知水平的发展就是在对环境的同化与顺应的适应过程中不断动态平衡的过程。

　　举例来说，一个幼儿最初形成了对"鸟"的认识：有翅膀、会活动、在天上飞，以后看到不同大小、体态、颜色的鸟，都会把它们同化到"鸟"的认识结构中去。这就是用原有的认知结构容纳了新的事物，同化有助于人发现事物的共性特征。等到有一天，幼儿看到天空中有一只风筝或一架飞机，他会很自然地把风筝或飞机同化为"一只大鸟"。如果没有大人教幼儿辨别和命名，儿童的思维只同化而不顺应，就不能发现新事物与旧事物的区别，他的认知结构就没有质的变化，认识水平就难以提升。这时候就需要建立"风筝""飞机""飞行器"等新图式、新概念，认识不同事物的个性特征，从而推进思维发展。

同化与顺应是皮亚杰认知发展理论中的一对核心概念，这里借助这对概念来说明教师科研写作的思维模式的变化和提升。一般来说，同化的认知方式的积极意义，是在环境条件没有质的变化的情况下，应用已掌握的方法技能迅速解决问题，比如新教师学会了写教案的格式套路。其消极意义，则是形成思维定势，不利于创新思维的萌发。而科研写作正是一种不断面临新情况、解决新问题、需要实践创新的思维和表达的过程，因此对于教师来说，就需要不断地打破原有的思维定势，从同化到顺应，以达到新的思维水平和更高层次的平衡状态。

比如学校课题组开会，交流几位教师写的文章，并征求修改意见。如果与会者对文章的主题、结构基本肯定，只是提出一些文字表述方面的修改意见，如标题还可以更醒目、小标题要格式整齐、某个例子还可以再加工、某句话表述不太妥当、结尾还可以加一条启示等，作者就比较容易接受。这时候作者在不改变原有认知结构的前提下，用同化的方式接纳吸收了他人的意见，文章有量的变化，但没有质变。如果这时有人提出意见，认为这篇文章选题没有太多新意，只是用一两个新课例说明了某种老教法，虽然内容描述具体生动，但实践指导意义不大。于是，作者就很可能难以接受意见，因为旧的认知结构被打破了，而新的认知结构还没有建立起来，思维就陷入了不平衡不舒服的状态。

上述场景可能对许多教师研究者来说并不陌生，研讨结局大体上有两种极端的状况。比较理想的一种是通过集体的思维碰撞，提出有建设性的切实可行的修改建议。这种情况下如果有高水平的研究者和主持人参与引导，就特别重要，也就是说有高手能够提供新的认知结构，开拓讨论者的思路，提升讨论的水平。高水平的表现不仅在于指出文章的缺点，更在于看出隐藏在缺点背后的优点、亮点或产生的原因，由此扭转了讨论的焦点和方向，从批评转向了建设。另一种不太理想的结局是议而不决，没有找到改进的方向或得到作者的认同。从现实情况看，可能后者更为常见。当然也可能有许多情况处于二者之间，即似乎有了一点修改的思路，但又比较模糊，难以落实。

教师思维水平的提高是一个长期而复杂的过程，而个体情况又千差万别，不可能有简单的速成的方法。怎样从同化走向顺应以达成新的平衡？下面从教师实践理论构建和教师专业发展的角度做些探讨。

‣ 一、从范例到系统，生成实践理论 •

实践研究是研究者在一定的教育理念的指引下，通过系统的教育行动来解决面临的教育实际问题，从而达到提高教学质量、改变教育现实的目的。与专家学者的"纯粹理论"研究相比，教师的"实践理论"在研究的目的和导向上有一个很大的不同，就是既"求真"又"求善"。"求真"的研究，就是"正确地做事"，通过总结提炼、学习应用正确的先进的理论和方法，达到提高课堂教学质量、促进教师专业发展的目的。比如听课评课活动中常见的"一堂好课的标准"、各种观察量表的应用、"预习单"和"导学案"的设计、有效教学的理论指导、基于课程标准的教学与评价、教师培训的知行合一等方法路径。与此不同的是，"求善"的研究强调"做正确的事"，研究者关注实践活动的结果，也关注实践主体在活动过程中感受到的快乐和产生的积极变化等因素；不仅关注活动结果的外显的善，还关注活动主体体验的内在善。因此对教师实践理论研究来说，"上好课"是路径和手段，做一位"好教师"才是理想和目的，也就是所谓"成事成人"。

由于教师实践理论内涵的综合性和复杂性，其形成路径就有很大的灵活性和生成性，不能简单套用一般纯粹理论研究的思路和方法。大体而言，教师实践理论的形成可以分为三个层次或阶段：（1）编写范例；（2）提炼概念；（3）系统化。

（一）编写范例

理论具有普适性的特点，是关于事物的本源、原因和"第一原理"的学问。它超越了人们对个别事物的认识局限，可以用以解释各种具体的、个别的、特殊的事物和问题，可以用来指导人们在面对不同境遇时的行为。所谓普遍真理是放之四海而皆准的。但在长期的社会实践过程中，人们逐渐发现许多有用的知识并不能用抽象概念的形式提炼出来，或者说，指导实践的理论并不一定体现为普适性的特点。比如游泳、烹饪、骑自行车、手工制作、艺术欣赏、诊断病情，以及课堂教学等，许多事情都难以用普适性的理论来解释或指导，而是更多地依赖于当事人具体的、独特的、个人化的体验、判断和描述。人们把这种情境性和个人化的认识称为实践智慧、实践知识或个人理论。这种有别于"纯粹理论"的"实践理论"，首先不是通过抽象的概念体系来表达的，而是通过具体的情境和事例来反映的。

所谓范例，是一个经过选择、加工的实践情境，或者说是教师对复杂情境综合考虑的具体展现。它可以是一堂精彩的公开课，但更多地表现为文字或视频形式的教学片段、教学案例以及经验总结。未经加工的原始状态如观摩现场、课堂录像和教学实录等，虽然其中蕴含着大量的执教者的实践智慧，但由于信息比较庞杂，学习者往往难以有效地提取和领会。而经过编辑加工的范例相对集中、明确地反映了某种特定的理念和取向，因此可以更有针对性地引导学习者感受特定的情境，引发联想和思考。此外，对执教者或加工者来说，选择和撰写案例也是一个反思的过程，有助于个人知识、实践理论的形成和表达。更重要的是，范例也包括提供有疑难或有争议的教学情境和教育问题，这样就需要对原始材料进行选择和裁剪。

在研究的起步阶段，教师研究者还没有形成自己对教学改革的系统做法和看法，与其硬写论文，不如先研究几个范例，作为进一步研究的素材和基础。这里说范例而不说案例，是因为案例研究另有一套比较学术化的说法和写法，而范例可以看作可供参考借鉴的简单实例，不一定写成完整规范的文章。教师在教研活动和教师培训过程中，会接触到大量的教学实例，可以有意识地把其中自认为有价值的提问、讲解、演示、对话、活动等场景片段记录整理出来，并辅之以当时的感受和体会。有效的、有趣的、有疑惑的、有争议的、出乎意料的，凡是有点启发性的课堂片段都可以写下来，这对于培养教师自身发现问题、思考问题的能力会起到积极有效的作用。

这种简单的教学笔记或教学反思，不拘形式和篇幅，但尽量写一段一篇能反映一个问题或主题。范例，就是反映某个问题的有代表性的例子。也就是说，范例不是课堂实录，也不是随机选择，而是带着一定想法或问题的、对实际情况的观察、选择和裁剪。我们也可以把范例看作"重要教育片段"或"关键教育事件"的一种表达方式。如果围绕某个问题积累了多个素材和范例，那就有了"对某个问题进行反复的、严肃的、持续不断的深思"，即实践反思。有了这个基础，就可以考虑把一个或几个范例的思考写成一篇完整的教学研究文章。

小老师上"讲吧"①

一次数学课上,我正和学生们热闹地互动着,突然发现胡同学趴在桌子上,嘴里似乎还念念有词。于是我关切地问:"胡同学,你怎么了?""哼!再也不喜欢数学课了!再也不喜欢你了!"胡同学愤愤地说。我一愣,同学们也跟着愣了,教室里顿时安静了下来。"你为什么不喜欢数学课了?为什么不喜欢我了?柴老师哪里得罪你了吗?"我随即微笑着问他。"你都不叫我回答!"我又一愣,说:"这节课你好像已经回答了三次了吧?""哼,才三次!我都已经举了好多次手了!""老师,你才叫了我一次。"徐同学似乎更委屈。原来如此!同学们是多么渴望有更多的机会去"说"、去展示啊!

既然孩子们这么"想说",那何不让他们"说"?很多孩子小时候都有一个当老师的梦想,那何不让他们得偿所愿?对了,就让学生来当小老师,给他们"说"的机会,只是他们能"说好"吗?为保证"说"的质量,还是先进行一次选拔吧。

一、选拔小老师

(略)

---

① 实例6.1均选自柴丽芳:《小老师上"讲吧"》,原载于张肇丰、徐士强:《关键教育事件20例》,华东师范大学出版社,2019年版,第45—53页。文字有改动。

二、制作小视频

（略）

三、"讲吧"成立了

（略）

四、感悟：在意外中成长

（略）

实例
6.1.2

"讲吧"成立了

"301班数学讲吧"终于成立了！本"讲吧"集老师、学生、家长于一体，组成了一个三方的学习共同体。"讲吧"遵循自愿加入原则，目的是给孩子们搭建一个"说"的平台，一个展示自我的机会，既能满足他们想说的愿望，又可以锻炼他们的语言组织能力、表达能力及分析题目的能力，加深对题目的理解，且因为是以小老师的身份来说讲题，因此往往能从另一个视角去看题，也会有不一样的体会和收获，同时同学们之间还可以互相学习。考虑到每个孩子的能力水平有差异，因此不规定讲题的具体次数，只给出了一个范围：一般一个月不少于一次即可，上限不定。时间建议在周末，形式主要是学生讲题，老师在群里进行点评。

　　"讲吧"成立那天，我将暑假3位学生拍摄的视频及近期周同学的讲题上传到群里，以便学生和家长熟悉拍摄的方法及流程，并进行了相应的指导。学生们、家长们更加跃跃欲试。吴同学第一个发来了视频，接着不善言辞的单同学竟然是第二个发上了他的讲题视频，虽然有点羞涩，也稍有点结巴，拍摄技巧也有需要改进的地方，但整个思路很清晰，还能借助图形进行辅助分析，很形象，让我太意外了！他的家长对这种形式非常肯定，感觉终于找到了一个对她儿子来说可以补其不足的锻炼平台，这更坚定了我这么做的决心。接着越来越多的同学发上了他们的视频，第一个周末，短短两天竟然收到了22个视频，已经超过了全班人数的一半，数量之多，质量之高，已经大大超出了我的预期。

　　"讲吧"给同学们提供了一片自由的天地，他们想说就能说，原来不敢说的同学在这种氛围下，现在也"说"了，甚至还"说"上瘾了！现在的我每到晚上或周末都在抽空看视频、作点评，烧饭时、吃饭时、办事时……只要学生发了视频，便抓紧一切时间看和评。虽然牺牲了很多休息时间，但只要孩子们能够得到锻炼，得到发展，我乐在其中！

"来，你上来，你来说！"[①]

开学前两天，学校安排我中途接班，是一个八年级小有"名气"的班级。一天课堂上分析试卷，和往常一样，我在讲台前讲得激情澎湃，他们在下面聊得不亦乐乎。一次次停下来整顿纪律却收效甚微之后，我终于忍不住动怒了："你们怎么有这么多话！这课还能不能上了！来，你上来，你来说！"我板起了脸指着一个正聊得意犹未尽的学生。如果是以前的学生，遇到这样的情况，教室里定会鸦雀无声。然而话音刚落，便有学生开始起哄："好，让小远上去讲！""小远，快上去，老师叫你呢！"……在大家的支持声中，小远同学竟真的从座位上站了起来，拿着自己的试卷慢悠悠地来到讲台前。随后教室里自发响起了一阵掌声。于是乎，我只能退到一边静观其变。只见小远同学落落大方地站在黑板前，把图歪歪扭扭地画在黑板上，然后若有其事地清了清嗓子："嗯，这道题我觉得是这样做的。要证明这两条边相等，可以先证明这两个三角形全等。……哦，这两个角也相等，这叫……叫……对，同角的余角相等……"小远略带幽默却又十分认真地讲着，时而提高嗓音，时而在黑板上比画两下，有模有样。虽然他成绩一般，平时课上经常插嘴、扰乱课堂纪律，但是他的闪光点也在此刻

---

① 实例 6.2 均选自柴小菁：《"放风筝"的感悟》，原载于张肇丰、徐士强：《关键教育事件 20 例》，华东师范大学出版社，2019 年版，第 53—60 页。实例标题为原文中的小标题。

凸显出来：胆大、自信、语言表达能力强。我脑中忽然灵光一闪：何不将他们爱说话、爱表现的特点变成一个优点展现出来呢？……接着我又请了三位同学轮流上去讲题，剩下的二十分钟时间很快就过去了。这次课堂上的"意外"和新的尝试让我深有感触。从那天起，我打算学着做一个放风筝的人。

实例 6.2.2　课堂模式转变三部曲

1. 学生讲题

刚开始，讲题的学生由我来指定。我会提前估计好习题的难易程度，选择合适的同学上去讲题。慢慢地，更多的同学跃跃欲试，于是我索性把选题和选人的工作托付给了两名数学课代表。为了激发大家的积极性，有时也会准备一些较简单而易错的题，分配给那些成绩中等偏下的学生讲。大家一听是课代表分配任务，便有学生主动前去报名。为了能在台上给大家留下一个好印象，领到题目的同学都会在课前精心准备，找出不同的解题方法和大家分享。

我惊讶地发现，学生讲题时下面的同学都听得格外认真，也许是因为有新鲜感，也许是因为同伴之间更有吸引力，也许是为了能找出讲题者的错误加以指正，总之，连那些平时课堂上自顾自的学生也竖起了耳朵，还时不时会有学生向讲台上的讲题者提出疑问，学生学习数学的氛围也渐渐浓郁了起来。而我，只需要做一个静静的聆听者，在课后进行适当的点评和补充。我发现自己着实低估了他们的能力，于是又灵光一闪，可不可以再前进一步，让他们做一回小老师呢？

2. 学生上课

学生一致推选班长莹莹来完成这个任务，我也觉得她可以胜任。第一次上课选了第二章的第一节：一元二次方程。我给她提供了教参和一些课件，让她自己先去备课。上课那天，看着她一板一眼、有理有据的模样，我也听得津津有味，还发现了她很多的闪光点。比如说善于举一反三，又比如说她会启发引导，在讲解例题放射性元素的衰变时，她启发学生把总量看成单位1，然后提问：一天后衰变为多少？两天后呢？在莹莹同学的精心设计下，课堂教学顺利进行，其他同学也很配合。后来，又有学生来报名想做小老师，也有学生说一个人不敢，想两个同学一起上课。我选择一些较为简单的内容交给他们，比如说平均数、中位数和众数、平行四边形等一些概念课。看着他们课前精心准备、像模像样地把课上下来，虽然有时也会出现一些小差错、小漏洞，但在这个过程中每个人的收获肯定是不可估量的。

3. 小组习题讲评课

学生学习数学的积极性有了很大的提高，但是还有一部分基础比较差比较内向的学生并没有被带动起来。既然没有能力在全班面前讲，那可以在小组里面讲呀！于是我召集数学课代表商量分组事宜，决定选择班里数学能力最强的6位同学作为组长，每位组长带领一个组，每个组6～7人，每个组中都有数学成绩较好、中等和薄弱的同学。每个星期我会抽一节课作为"小组习题讲评课"，课前让所有组长务必把课上要讲的习题都弄懂，然后带领组员进行轮流讲题。我则穿梭在每个小组之间，需要时助他们一臂之力。每次看着他们热火朝天地讨论着数学题，我心里就有满满的成就感。

上面两组四个实例，可以看作两个"学生自主，教师主导"的范例，有共性，也有个性。共性是学生作为课堂教学的主角，从备课、上课到组织教学，充分发挥了学生在学习过程中的主体作用。此外，二者都属于数学学科，都以学生讲题为上课的主要内容和形式，上课的流程有比较强的逻辑性，容易把握教学过程。个性是二者涉及的年龄心理特征不同，教师对不同主体采用了不同的主导方法。前一个范例的事情发生在小学三年级，教师创建了一个"数学讲吧"，由学生在家长帮助下录制视频，利用周末时间上网展示。后一个范例涉及初中学生，教师探索创造了各类学生轮流讲课的条件和机会。实施了有特色的"小老师制"课堂教学机制。两个范例都体现了教师的实践智慧，既有操作性又有灵活性，不仅是对数学教学，而且对其他学科都有启发。

从实践研究的角度说，两个范例主要就是描述了实践的经过，内容具体，条理清楚，但总的来说并没有提出什么新的观点和深刻的道理。其创新意义，不是体现在用什么新名词来阐述学生讲课的价值意义，而是反映在具体的事实情境中，比较集中地提供了某种可供其他教师学习借鉴的做法。我们可以把这类范例看作教师的优质课、代表课、示范课，范例编写的作用是浓缩、突出了教师的行为和智慧，使得研究主题相对比较集中和凝练。当然从范例中也可以进一步加工提炼出更抽象、更具普遍意义的原理和规律，然而任何理论都是从某个特定的角度或侧面来认识事物、理解问题的，一味追求理论概括，会失去原有情境所包含的丰富性和复杂性，所以并不利于对问题情境的整体把握。范例兼有情境性和反思性的特点，并将二者融为一体，成为适于人领悟和迁移的一个原型、一个联想和思维的触发点。

从思维方式角度说，范例是一种类比思维或类比推理。范例研究既不是从一般到个别、普遍到特殊的演绎思维，也不是个别到一般、特殊到普遍的归纳思维，而是更关注个别和特殊，是一种从个别到个别、从特殊到特殊的迁移能力。借用许多教师的说法，这就是一种"接地气的""拿来就能用"的方法。它还上升不到深刻的道理和系统的理论，但这样的范例体现了教师实践创新的特点，也是教师实践理论形成的必要基础和逻辑起点。

（二）提炼概念

范例是形象具体的，概念是抽象概括的。范例描述了人的语言行为，概念则揭示言行后面的观点、看法、主张。前面说了编写范例的好处，为什么有了范例还要提炼概念，这就涉及同化与顺应的关系。教师积累了一个个范例，可供参考利用的素材不断增加，显然是有好处的。但是只有量的增加，没有质的变化和认知模式的转化，就好比进库材料的储存堆放是没有分类标准的，全部"同化"在一个大仓库里。这样日积月累，人的头脑仓库就会变得非常庞杂，当需要某种材料时，作为研究者的教师（仓库保管员）就不能准确、迅速、恰当地提取出来。提炼概念就是给进库的材料编码排序、贴标签、写说明，在认识材料共性特征的基础上辨别其不同的个性特征，分门别类地建立起信息储存和提取的规则和渠道，这就是从同化到顺应的思维发展。

1. 概念提炼的实践指导功能

按经典心理学的表述，概念是反映事物本质属性的思维形式。概念不同于感觉、直觉、表象等反映事物的表面属性和直观的内容，而是抽象出事物的本质属性并推广至同类的其他事物，能使一类事物与另一类事物区别开来，是判断和推理的基础。概念作为一种认知模式和心理图式，具有概括性、普遍性和稳定性的特点，可以用来解释、判断、推论某一类特定的问题。只有具体形象，没有抽象概括，人的认识能力就只能处于行为模仿阶段，迁移的范围十分有限。如果每上一次课、每组织一次活动，都要有一个现成的教案或范例做参考，也是不经济和不可行的。有一定的抽象概括，才有利于举一反三、扩大迁移范围。我们在第一讲中讨论过怎样从一堂课进入研究，要从一堂课看到一类课，从单个或若干课的例子来探究一类问题的解决，说的就是这个道理。

由于范例内涵的综合性、丰富性和复杂性，不同的人（包括读者、作者或执教者）看到的个性特征是不一样的。作为一项研究的亲历者，对所实践所研究的对象，掌握材料最多、体会最深，有条件也有责任把研究中最有心得、收获和困惑的内容表述出来，以此提高自己、启发他人。

再以实例 6.1 和实例 6.2 为例，两组范例后面都各有感悟反思部分，这些感悟就与概念的提炼有关。除了体现"以学生为主体"的教学思想，两位作者还提到了几点感触较深的体会。例如"讲吧"打破常规的课堂模式，可以不受时间、空间、人员的限制，多元化地学习，并有效地提升了学生的综合学习能力。比如小老师上课讲题，很容易因为时间有限而不能完成教学任务，因此作者提出了要像放风筝一样牵住线头，适时收放；为了让这个教学模式能够持续，还建立了相应的保障制度，如"积分奖励制度""小老师选拔制度""优秀小组评选制度"等。这里的"学生主体，教师主导""多元化学习""综合学习能力""班级教学与分组学习""评选激励""教学保障制度"等，就是隐含在范例中的重要概念，把这些关键词发掘提炼出来，我们对实践情境特点的理解更为清晰，思维模式就产生了从量到质的变化。有了更开阔的眼界和更高层次的视角，我们就可以脱离范例情境的局限，从模仿、迁移到创造。比如学习了两个范例，并不意味着一定要学小老师上课讲题，其中几个关键词所蕴含的教学元素和教学思路，完全可以借鉴应用在其他场合和情境中，并有新的创造。

2. 表述理念的具象话语方式

除了从范例中提炼出抽象的词语或关键词，教师实践理论的形成还有自身的特点，就是在具体情境与抽象概念之间另辟蹊径，用具象的词语、语句来代表或反映某种抽象的理念。教师常用的修辞手法包括比喻、借代、夸张、对比、反复、排比、设问等，其中用得最多的是比喻，也最鲜明地体现了教师论文的语言修辞特点。把论文所论述的教育现象和教育理论与学校生活、社会生活、文学艺术以及自然现象等各方面联系起来，使得科研写作更加生动活泼，并富于生活智慧。更重要的是帮助教师提炼了写作的思路和线索，表现了自己有所领悟或感受，而用学术语言又不能充分表达的某些实践智慧。

实例 6.2 发表时题目为《"放风筝"的感悟》，这里的"放风筝"是一个重要的理念和关键词，我们可以理解为"教学设计""教学节奏""师生关系""教学组织形式""预设与生成相结合"等含义，好像都有一定关系，但又不能用某个概念来替代原有的比喻。由于情境内涵的丰富性、复杂性，有时不能一步到位地提炼出抽象的概念，这种具象的比喻就起到了从具体到抽象的过渡作用，具有能力迁移的独特功能。

实例 6.3　中国乡村味道的教育话语方式 [①]

吴鑫老师系统搜集和梳理了行知学校在四十多年中创造的各类话语，整理了三万四千多字的文本，一共 767 条。全文

---

① 彭钢:《行知教育实验：陶行知教育思想的当代实践与创新表达》,《中国教育学刊》,2023 年第 9 期，第 21 页。文字有改动。

共分三个部分，第一部分从1字到12字，共125条；第二部分从教育学的角度进行分类，共279条；第三部分是一句话的表达，共363条。当然这三个部分有一定的交叉。这些话语基本上是在"行知教育实验"的基础上，经过长期实践、充分实践有感而发、概括提炼而成的。

一个字：恒、大、乐、新、真、诚、爱、美……

两个字：坚持、感激、成长、扎根、舒展、绽放、大气、大志、大爱、陶花、陶娃、陶子、花苞、含苞、花开……

三个字：小朋友、小先生、小主人、大情怀、大教育、大事业、大文化、做真人、讲真话、求真知、办真事、不抱怨、不放任、不小看、不伤害……

四个字：爱的教育、达成被爱、引导施爱、启发自爱；三小课堂、五好陶娃；学会联合、学会赏识、学会成长；自立立人、自觉觉人、自强强人、自助助人、自爱爱人；村校一体、城乡联合、国际交流、品牌共享；躬于实践、勤于读书、善于交友、乐于动笔……

这些话语具有以下特点。

第一，创造了一系列"行知教育"的专有名词，其中包括具象的和抽象的、坚定不移地自称是"行知人"，并以"行知人"为自豪和骄傲。

第二，是以"做"等行为动词为特点的语言句式。所形成的话语系统非常强调实践，非常强调以"动词"来突出行为过程和实践结果。

第三，偏爱使用自然界植物生长、农业生产方面的比喻和借喻，如"扎根"，扎根土地、像农作物一样的"舒展"，像花一样的"绽放"等。

第四，偏爱使用"大小"句式，形成了一系列"大大""小小"的格言和警句，如"小朋友、小先生、小主人""大情怀、大教育、大视野、大事业、大文化"……很有陶行知先生的话语味道。可能是因为在乡村，没有那么多高层建筑所阻隔，视野特别开阔；小的东西显得特别小，大的东西显得特别大。

第五，形成了具有较强排比格式的话语谱系，如关于"爱"的话语谱系："要爱·会爱·博爱·自爱"；关于"人"的话语谱系："尊重人·相信人·理解人·激励人·包容人""善解人意·与人为善·善待自己·积德行善"；关于"学习"的话语谱系："在事上做·在事上教·在事上学·学以致用"；关于教育的话语谱系："持续的学习者·自觉的教育者·积极的创造者"等。

南京市浦口区行知小学是国内基础教育改革的一个典型，其研究成果《大情怀育人：行知教育实验的 40 年探索》荣获了 2022 年基础教育国家级教学成果奖特等奖。行知教育实验的内容非常丰富，其中之一就是杨瑞清校长和全校师生创建了一套富有特色的思维和表达方式。彭钢研究员对行知小学

"建构具有浓郁中国乡村味道的教育话语方式"的分析全面细致，值得教师研究者们品读、体味。

近些年来，一些专家学者和教育部门倡导教师提出自己的"教学主张"，这也是提炼概念的一种有效路径和方式。著名教育家李吉林老师曾说："我不敢说自己是一个思想者，但我觉得：即使是小学教师，也应该有自己的思想和教育主张，那么，我就可以大言不惭地说，我是一个思想者。"江苏学者成尚荣老师对此有很好的阐发，专门论述过教学主张与名师成长的关系，主张名师应当有也必须有自己的教学主张。这类提炼方式的一个好处，是找到了一个阐述教师研究心得的一个恰当载体。"教学主张"与"教育思想"相比，显得不那么空泛，也没有刻意拔高之嫌；与"有经验""有心得"相比，又显得不同流俗，也不会有任意贬低之虞。更重要的是，这类概念提炼方式适应了教师的思维和表达方式，有鲜明的实践特点。就行知小学的话语表述看，有具象也有抽象，但抽象的词语一般也与具象的比喻等修辞方式配合使用，带有更多的教师研究的"原生态"色彩，给人留下深刻印象。

（三）系统化

所谓系统化，就是分析与综合的统一，使思维形成一个有层次有结构的优化组合。人对事物的认识，既要尽可能地分解事物的组成要素，了解事物的每一个细节和局部，又要能够总结出各部分的共同点和不同点，从而在分门别类的基础上达到一个总体的认识。

从系统化思维的角度看，教师实践理论的形成，就有一个从编写范例到提炼概念，再形成结构的过程。范例提供了对教学改革的认识基础，概念赋予了对现象及性质的辨别判断，而系统化的结构则使零散的材料和解释各就其位，形成了一种合力，从而发挥每个局部和细节的作用，实现某种价值追求的目的和功能。在这个过程中，单有范例和概念是不够的，孤立的范例和概念不能保证人的认知的前后一致性和深刻性；但是反过来说，脱离范例和概念的理论观点也是不成系统的，是缺少内在的逻辑力量的。现在有些教师的研究基础并不扎实，却又急于构建理论，提出各种以"××教育""××教学""××课堂""××语文""××数学"等命名的理论，这也是需要注意的一种倾向。

一般来说，一种系统化的实践理论由三个方面的要素构成：（1）价值追求；（2）层次结构；（3）方法程序。三者相辅相成，形成完整的理论体系。

倡导一种理论或主张，总是有自己追求的目标和方向的。这种价值追求不是笼统地指"素质教育""立德树人""能力培养"等教师的"信奉理论"，而是在日常教育教学中践行的"使用理论"。比如有 A、B 两位优秀教师，其人品、能力、业绩等都是被大家所认可的，但教学理念并不一定相同。A 教师主张教学要"活"，注重问题设计要灵活，教学组织形式要"活动"，学生思维和课堂气氛要活跃。B 教师主张教学要"实"，认为教学设计要实在，不要流于表面热闹，基础知识要扎实，思维训练要落实，讲求教学的实效性。每一种具体的做法、经验、范例，其实都有背后的思路和追求。因此做研究、写文章、构建理论，就不能单靠漂亮词句的堆砌包装，先要弄清楚自己到底想要什么、主张什么。

教师的理论观念和价值追求，是在实践反思过程中逐步形成的，是建立在范例和概念的提炼基础之上的，也就是有实践研究基础的。从思维方法和研究方法角度说，就是在归纳思维基础上的经验总结。如果颠倒过来，只是提出一个抽象的理念，而没有一定的范例支撑和概念组合，那就相当于给仓库建了一个显眼的大招牌，里面却杂乱无章地堆满了没有分类的货物。当然，如果研究者有很好的理论功底和研究需要，也可以做一种以演绎思维为基础的、以学科建设为目的的思辨理论研究，但实际情况又并非如此。

实例 6.4　"股绳"教学设计模型构建[①]

在素养导向的课堂教学中，学生通过学习活动习得知识、掌握方法、解决真实问题，其教学过程不妨说是一个"化合反应"。一般而言，素养导向的课堂教学，是在知识、活动、情境、问题、任务、评价等要素参与下展开，在教学过程中产生真实成果。因此，可构建素养导向的课堂教学实践模型，简

---

① 　陆伯鸿：《指向核心素养培育的课堂与教学设计模型探讨》，《上海课程教学研究》，2023 年第 9 期，第 21 页。实例标题为本书著者所加。

称"化合反应课堂模型"。根据"化合反应"课堂模型，对素养导向课堂开展教学设计时，首先，要把课堂教学分成若干环节，每个环节包含知识、活动、情境、问题、任务、评价等要素；其次，把各个环节中相同要素形成一条线，如知识线、活动线等；最后，把若干线拧结在一起，形成一条教学线。以物理课堂教学设计为例，其教学设计中通常含有知识线、活动线、问题线、评价线。据此"股绳"教学设计模型如下图所示。

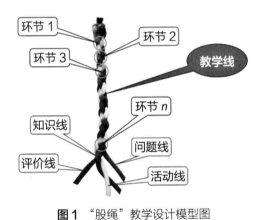

图1 "股绳"教学设计模型图

其他学科的课堂教学设计，都有类似的"股绳"显示，只是教学线这根绳所含的线绳，可能其名有不同、线数多少也不一样。因此，"股绳"教学设计模型有普遍意义。下面以初中物理学科中"光的反射"单元为例，解说"股绳"教学设计模型的实践应用。教学流程及说明等操作实施，如下表所示。

表1 "光的反射"课堂教学设计解析表

单元核心任务：认识镜子在生活中的作用

子任务：探究镜子改变光的传播方向遵循的规律

教学线	问题线	活动线	知识线	评价线
环节1: 创设情境，体验交流	**问题1:** 怎样利用一块平面镜使一束激光经平面镜后准确击中"目标"？	**活动1:** 实验演示1（"激光打靶"）	**知识1:** 光的反射现象	—
环节2: 实验探究，得出规律	**问题2:** 能否由入射光线和反射面确定反射光线的位置？即反射光线和入射光线有怎样的位置关系？	**活动2:** 学生实验（使用橡皮泥、竹签等进行建模）；课件演示（引入法线），探究反射角与入射角的大小关系	**知识2:** 光的反射定律	**评价2:** ①引入法线必要性；②得出光的反射定律完整性、顺序性
环节3: 实际应用，解决问题	**问题3:** 比较画出的光路图，两者有何差异？	**活动3:** 实验演示2（用手电筒光照射镜子的正反两面）；作图（运用光的反射定律，分别画出反射光线）	**知识3:** 镜面反射、漫反射	—

"化合反应"课堂模型呈现出素养导向下的课堂样态，它是创建"股绳"教学设计模型及课堂教学设计工具的思考依据，是推动素养导向的课堂教学扎实、有序开展的实践依据。而"股绳"教学设计模型，是推进单元视角下的课堂教学设计的编写指南；课堂教学设计工具，则是推进单元视角下的课堂教学设计的技术助手。"化合反应"课堂模型与"股绳"教学

设计模型，可合称"课堂与教学设计模型"。

实例 6.5

我们的概念建构之旅 [1]

　　幼儿园承担了（上海）市级课题"幼儿园自主游戏中师幼对话有效性的实践研究"，我们课题组在大量的文献资料中找到"游戏介入效能"的概念，用作理论指导。这个理论概念根据教师介入行为对幼儿游戏产生的不同影响，将教师的游戏介入分为三种类型：（1）"有效介入"，指教师的介入支持了幼儿的游戏意愿，使幼儿顺利地实现并发展了自己的游戏意图，推进游戏的进展。（2）"无效介入"，指幼儿对教师的介入不予理会。（3）"负效介入"，指教师的介入干扰、转移或替代了幼儿原来的活动意向。我们采取了"拿来主义"，期望能够指导教师的教学实践，结果一开始就在教研活动中遇到了挫折。

　　引发困惑的案例是这样的。在一次"过家家"的游戏中，老师发现一个女孩在打不听话的"怪兽"娃娃，就用表扬的方式间接阻止了这个"妈妈"，并引导她去玩其他游戏。课题组讨论时产生了不同问题：教师这样的介入算"有效"吗？有的老师认为，女孩对老师表扬她很有妈妈的样子，应该是高兴

---

① 选自闵英：《我们的概念建构之旅》，原载于张肇丰、徐士强：《教改试验的 30 个样本》，华东师范大学出版社，2016 年版，第 3—11 页。文字有改动。

的，但被阻止了"过家家"的游戏，显然不符合她内心真正的游戏需求。有的老师则认为，这样分析的前半部分倾向"有效"，后半部分则偏向"负效"，是否有点自相矛盾。还有的老师提出，老师虽然阻止了女孩的游戏意图，却保证了班级"和平"，是否从班级管理的角度看，介入算"有效"呢？众说纷纭，理论似乎无法达到指导实践的目的。

在探究"介入有效性"概念的过程中，课题组在文献中又看到了一个"衡量幼儿生成的游戏主题是否有价值"的坐标轴，它以"活动内容是否接近课程目标""是否能激发多数幼儿的好奇产生共鸣"两个维度相互交叉架构，以此来判断是否有价值推进该主题游戏。经过多种相关文献的查阅，结合多个具体案例分析应用，课题组最终构建了属于自己的指导教学实践的理论框架。

图中四个象限的内容及要求：（1）第一象限——教育与愉悦相重合的师幼对话，这种师幼对话有益且有趣，是最佳的师幼对话；（2）第二象限——愉悦与非教育相重合的师幼对话，这种师幼对话是有趣的；（3）第三象限——非教育与非愉悦相重合的师幼对话，这种师幼对话无趣又无益，是有害的师幼对话；（4）第四象限——教育与非愉悦相重合的对话，这种

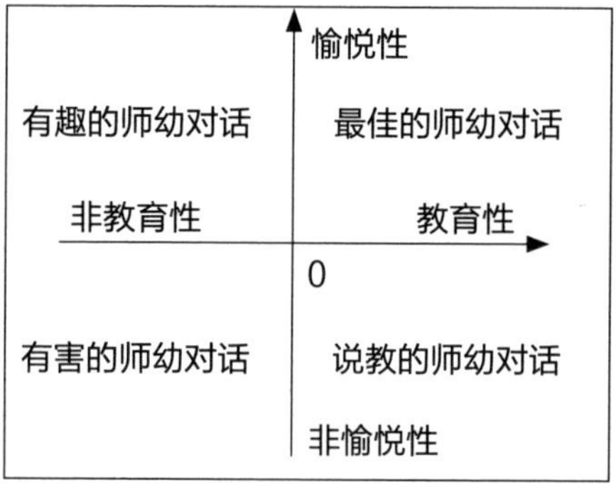

图1 师幼对话效能坐标图

师幼对话有益但无趣，是说教的师幼对话。前两种师幼对话都是有效的，后两种都是无效的，但一定要避免第三种，尽量追求第一种。

当通俗化的概念图再次亮相，老师们说：现在我们知道了什么样的对话要避免，什么样的对话要追求。做不到最佳对话，也可以从有趣入门，这样，就连新手教师，也能很容易地上手……说到底，虽然概念本身都是高度凝练的，但也需要接地气。至此，"自主游戏中师幼对话有效性"的课题研究告一段落，自主游戏中师幼对话的效率正逐步提高。更令我们欣慰的是，我们建构的概念被区教研员知晓，在区层面进行了推广。

系统化最大的好处就是提供了一种方法论：一方面，用一个概括性较强的理念将许多事实和概念串联统括起来，明确了行动的方向；另一方面，提供了一套方法技巧，让别人明白行动的内容和步骤。所谓理论，就是知识的系统化，是把众多有关的知识组成一定的结构层次，最后形成有理念、有实例、有操作程序的优化组合。这样经过系统化、抽象化而形成的实践理论，就可以用于一定范围内的不同场合，指导解决不同问题的实践行为。实例 6.4、6.5，从不同角度提供了从经验到理论的系统化过程，值得借鉴。

大部分教师的实践研究还停留在经验事实的层面，为了说明自己的教学观点，往往会举许多例子来说明，或者提出几个有学术意味的名词概念来支持，但由于这些例子和概念没有形成一定的逻辑结构，因此数量虽多却只在某个层次上重复铺陈，或者相互之间构不成联系，也就是只有同化而没有顺应，就不能解释和应对新的情境和问题。具体表现为提出的主张和写出的文章，经不起别人的询问和质疑，也就是不能自圆其说。怎样才能自圆其说？一个有效的方法就是缩小研究范围，这样涉及面相对较小，逻辑关系比较简单，容易支持立论。

尽量小题大做，做到小而深、小而精、小而专，在自己做过的、能讲清楚的范围内提炼深耕某个研究主题，争取做一个对某个问题有深入研究的小专家。比如实例6.4的"教学设计模型构建"由五条线索构成，对于一个科研新手来说，可以选择研究其中的一两条线；五条线又分属于三个环节，可以选择研究其中的一两个环节。可能有教师认为一条线、一个环节、一个小问题没有多少可写的材料，那就尽量关注这条线、这个环节、这个问题在不同情境中的表现，尽量从不同的课堂、学科、学生、学校的情境中去搜集同类的例子，再进行比较筛选，最后积累形成解决这"类"问题的专题材料库。实例6.5对"师幼对话有效性"的概念研究，起点也不过是来自普通幼儿园的一个课例或片段，但深入开掘下去，把实践、学习、研究融为一体，从个案讨论、概念解读到系统化，就可以创造出自己的实践理论体系。其实研究哪一条线都可以，但切忌没有明确的思路，随意选取不同条线中的要素，拼凑成没有内在逻辑的所谓教学设计和教学体系，这个问题又与教师的研究能力和实践积累有关。

实例 6.6.1　试论语文学科的人文性及其教学策略

一、现实：语文教学处在价值失落之中

1. 语文学科的人文价值失落，与分析主义的方法论和机械"应试"的教学方式直接相关。

2. 语文学科的人文价值失落，直接导致语文学科人文精神的残缺落后和育人功能的狭隘削弱。

二、理念：语文学科呼唤人文本质的复归

1. 鲜明的文学性。

2. 丰富的情感性。

3. 多元的美学性。

4. 深刻的社会性。

三、探索：语文学科的有效教学策略

1. 完善教学目标和整合教学内容的方法和策略。

2. 课堂问题设计和促进师生互动的方法和策略。

3. 激发学习兴趣和保持课堂情趣的方法和策略。

课堂因"生成"而优化

一、"预设"可以因"生成"而顺势取舍

例:《蒹葭》一课原以朗读为切入点,改为从人物动作入手体会美的意境。

二、"预设"可以因"生成"而更加丰富

例:《告别权利的瞬间》原设计"预设"通过"果断""坦然""幸福而不留恋"等词语分析来理解人物形象,后来抓住学生提出华盛顿为什么"悲哀"的疑问展开讨论,提升了对人物思想和课文内涵的理解。

三、"预设"可以因"生成"而调整课型

例:上一课数学测验分散了学生注意力,本课把要讲授的《香菱学诗》变为开放性练习题"第三首诗妙在哪里"。

常有教师问:"专家总是说研究要'聚焦',论文要'以小见大',到底要聚焦到什么程度才合适?"这个问题涉及教师实践研究的基础,其实并没有一个统一的标准。实例6.6是一篇文章的前后两个提纲,可以用来对"以小见大"的范围做些解读。

论文初稿题为《试论语文学科的人文性及其教学策略》，分三个部分论述了现实状况、价值追求和教学策略。从论文的形式上看，框架结构、论述逻辑和语言表达都没有什么大问题，问题在于选题内容有没有新意和发表价值。编辑部初审后认为，文章前两部分属于理论研究，已有不少专家和教师指出过当前语文教学偏重语言知识、忽视人文内涵的弊端，本文作者没有提出新的发现和观点，重复讲一些大道理价值不大。作为一线教师，作者的比较优势在于实践研究，应该把研究重点放在第三部分"教学策略"方面，着重研究语文教学"怎么找回"而不是"呼吁找回""失落的人文价值"。

（1）明确了实践研究的定位，随之而来的第一个问题是："是按原提纲第三部分的三个小点展开论述，还是继续缩小选题，选择其中一点来写？"这个问题也没有固定答案，还是要看作者的研究能力和实践基础。一般来说，优秀教师有较多的积累，可以深入阐述其中一点，也可以找个角度或条线把三点串联起来系统研究；而科研新手积累不够，最好选其中最有把握的一点来写。

（2）接下来第二个问题是："如果聚焦到其中一点，写哪一点更有价值？"其实哪一点写出自己的实践创新都有价值。一般来说，教学目标及其内容整合历来是语文教学研究的热点和难点，如人文性与科学性的关系、知识与能力的关系、三维目标的理解、核心素养的落实以及近来出现的大概念、大单元、任务群、五育融合、跨学科学习等，都是受关注而有待解决的问题。但是确定写作选题除了考虑期刊需要什么文章，更要考虑自己能写什么文章。编辑部经过与这位作者的交流，发现她对目标整合和问题设计没有深入研究，更具体地说，还拿不出一两个内涵丰富、较有启发性的实践例子。

（3）第三个问题："是不是只能写激发学生学习兴趣了，好像也很难写出新意？"有关编辑仔细阅读了原文，觉得其中的一个实例和解释较有特点。第三部分第三点写道[①]：

> 诗歌《蒹葭》一课，原本教学设计以朗读为切入点，并引导学生体悟诗歌朦胧凄清的意境，以及表情达意的含蓄特点。课堂"导入"之后，请一位男生朗读诗歌，"死样怪气"的声调却引发同学们一阵哄笑。而他辩解得理直气壮："我感到悲伤嘛！"师问："那你能否从诗歌所描绘的景物与人物动作角度阐释一下你感到悲伤的理由？"他答："景物很凄凉，而诗中的人总在寻觅，一会儿'在水一方'，一会儿'在水之湄'，总抓不住那个人，而那人也总在诱惑他，挺'抓狂'的。"同学们又是一番哄笑。此种情况表明，学生对作品的感情基调把握是基本准确的，而预设的教学目标过于低浅，低估了学生文本阅读理解的能力。于是，我放弃了对朗读知识点的纠缠，以学生回答中的"抓"字为切入点，引领学生充分感悟作品中蕴含的诸多美的元素和意境，并把握"以景显情"和"特定物象内涵"的知识点。

---

① 何丽萍：《课堂因"生成"而优化》，《上海教育科研》，2008年第6期，第79页。文字有改动。

这个例子反映了教师在教学过程中如何认识和把握"预设"与"生成"之间的关系，也是提高课堂教学有效性的一个难点问题，很有启发性。当时编辑提出，是否还有同类的例子，能否围绕这个角度重新构思文章，集中研究怎样把握预设与生成的关系，怎样做到"随机处理"。作者说"有"。这样修改思路就确定了，结果就形成了实例 6.6.2 的提纲及最后的成稿《课堂因"生成"而优化》。完成稿从"预设可以因生成而随机处理教学目标及内容"一点，又发展出预设因生成而"更加丰富"和"调整课型"两点认识，基本上构成了一个新的三段论结构。总的来说，观点有一定新意，并有实践材料支持，是一篇较好的教学小论文。

进一步分析选题范围大小问题，可以发现上文中提供的两个新观点和新例子，并没有针对古诗文教学提供新的做法和例证，而是分别提供了一个现代散文和古典小说的例子；但从预设与生成关系的探讨角度来看，涉及的文体形式并不重要，能够从学生的学习基础和心理特点出发，就能够说明问题。此外，如果一味缩小选题范围，就可能遇到材料短缺和研究不足的问题。这样，这篇文章的修改过程，实际上呈现了一个从大到小，又由小返大的过程。究竟什么是以小见大，多大才合适，最后还是看怎样使观点与材料、需要与可能达成平衡，使范例和概念形成一个合理的优化组合。

▸ 二、走出舒适区，面对专业成长的挑战 •

教育界有两句流传很广的话，一句是教师专业成长的公式：经验＋反思＝成长；另一句是：没有反思，20年的教学经验可能只是一年经验的20次重复。这两句话都强调了反思对于教师成长的意义和作用。说到"反思"，早在《论语》中就有"吾日三省吾身"的说法，现代美国学者杜威、舍恩等人开始了对反思的系统研究。后来在德国哲学家哈贝马斯等人理论的影响下，加拿大教育学者马克斯·范梅南等提出了有关教师反思的三种水平的理论，即技术合理性水平，实践行动水平，批判反思水平。申继亮等人据此对教学反思的三种水平进行了阐发[①]：

水平一：教学技术水平（前反思水平）。

技术理性反省是对程序性、技术性的问题思考，即如何利用最佳教学方法和技巧，在最短的时间内达到教学目标，即教师所关注的是"怎么解决""怎么做"的问题。该水平最关心的是达到目标的手段，重视手段的效果和效率，而将目的看作是理所当然的，没有加以检讨。事实上，这一水平不能称为反思水平，我们将其称之为"前反思水平"。

水平二：理论分析水平（准反思水平）。

能够透过教学行为层面来分析行为背后的原因，但这种

---

① 申继亮：《教学反思与行动研究》，北京师范大学出版社，2006年版，第78页。

分析往往根据个人的经验进行，其目的在于探讨或澄清个人对行为的理解，考虑行为背后的原因、意义。这一水平由于主要是基于个人的经验来探究行为背后的原因，教师对结果做解释是基于个人对环境的主观观点而不是对客观结果的描述，还达不到反思意义的水平，我们将其称之为"准反思水平"。

水平三：价值判断水平（反思水平）。

反思时考虑道德的、伦理的标准，并从广泛的社会、政治、经济的背景来审视这些问题，并揭露潜藏在这些问题中的意识形态，以引导改革。在这一水平，教师关注知识的价值，以及对教师而言有利的社会环境，并且能够去除个人的偏见。然后，教师进一步对于课堂和学校行为能够做出防御性而非盲目的选择，以开放的眼光看待问题，其中包括伦理、道德的思考。在这一水平，教师能够从更广阔的社会、文化、政治意义来分析教学行为，这一水平才是真正的"反思水平"。

举例来说，研究"奥数"教学，如果对一道"鸡兔同笼"题提出不同解法，探讨哪种解法更加简便、有效或有趣，这是教学技术水平的反思。如果能够从学生的年龄心理特征、能力发展要求和课程设计角度来分析各种解题方法的适用性，这是理论水平的反思。如果关注到"奥数"训练方式对中小学素质教育和创新人才培养的价值作用，并对现状进行分析，这就是价值判断水平的反思。

专家们在肯定高水平反思的同时，也指出技术性反思仍是教师的主要反思内容，而这类反思与教师的工作实际密切相关，因而仍有其自身的价值意义。一些案例研究表明，教师教学能力与反思水平存在着一定的相关性，优秀教师比一般教师有更多、更自觉、更深入的教学反思。比如在第三讲中介绍的实例 3.1，作者从一堂课的设计联系到一种教学风格的形成。在探索"文史结合"的方法应用的基础上，提出了"塑造自己的教学"的理念，这可称为是一种高水平的反思。怎样提高教师的反思能力，是教师专业发展的一个重要课题。近些年来许多优秀教师和专家学者在这方面总结提炼了不少方法和途径，如教学观摩与探讨、师徒带教、课题研究、撰写反思日记、研读教育论著、参加学术研讨会、建立各种学习共同体等。归纳起来，大体上可以看作"读书""写作""观摩交流"三种基本方式和路径。

（一）阅读论著

教师作为读书人、教书人，对读书的好处应该都深有体会。从古到今，有大量有关读书的名言警句。与写作有关的，前人早就有"读书破万卷，下笔如有神""劳于读书，逸于作文"等经验之谈。现在不少教师反映没时间读书，这个问题其实无解，只能说做事的时间与做事的愿望是成正比的。至于书太多了，不知读什么书好，应该怎样读等问题，则可以探讨一下。

媒体上有不少专家或教师的推荐书目可供参考，影响较大的，有一年一度发布的《中国教育报》的"教师最喜爱的100 本书"和中国教育新闻网的"影响教师的 100 本书"。其实阅读是比较个人化的事情，别人的推荐只能作为参考，而且新书往往不如经典的老书更有阅读的价值。"中国教育三十人论坛"公众号于2024年1月发布了《100本适合中国中小学教师阅读的书》，内容涵盖古今中外的教育论著，有兴趣的老师可以上网搜索阅读。对一些教师反映的"读不进去"的问题，建议先从文学性较强的书读起，比如《夏山学校》《窗边的小豆豆》《第56号教室的奇迹》等，等到读出点感觉和想法，再去读带有学术性的理论著作，由感受、共鸣进入理性思考。

传媒推介的书单大多是专家学者开列的，这里换个角度来看看普通教师在读什么书。2017年"黄浦杯"征文的主题是"读书与成长"，获奖的优秀作品汇编为《教师读书的30种体验》，出版后很受读者欢迎。这次征文要求作者不写一般的书评、读后感，而是要反映自身的读书体验和成长经历。30篇读书报告中提到的作者作品，一部分属于文学类，如鲁迅、叶圣陶、艾青、汪曾祺、莫言、路遥、林清玄、欧·亨利、米兰·昆德拉等作家的作品，以及《三国演义》《唐玄宗传》《简·爱》《烂泥怪》等作品。大多数作者还是以谈教育类论著的阅读经历为主，除了一般地列举书名，有具体描述的论著涉及以下若干种。

教师阅读书目

《小逻辑》［德］黑格尔

《查拉图斯特拉如是说》［德］尼采

《民主主义与教育》［美］杜威

《给教师的一百条建议》［苏］苏霍姆林斯基

"学校无分数教育三部曲"［苏］阿莫纳什维利

《中小学生纪律教育》［美］理查德·L·柯温等

"情境教育三部曲" 李吉林

《我的教育理想》 朱永新

《不跪着教书》 王栋生（吴非）

《案例教学指南》 郑金洲

《翻转课堂与慕课教学：一场正在到来的教育变革》［美］乔纳森·伯格曼、亚伦·萨姆

《以学习为中心的课堂观察》 夏雪梅

《汉字王国》［瑞典］林西莉

《小学语文教学研究》 吴忠豪

《作为教育任务的数学》［荷兰］弗赖登塔尔

《怎样教英语》［英］杰里米·哈默

《开学三十日：小学一年级新生适应期教育智慧手册》 茹茉莉

《儿童生活的最初五年：学前儿童生活指南》［美］阿诺德·格塞尔

上面所列书目是从一、二等获奖征文中摘录出来的，可以代表一部分优秀教师的阅读倾向。从内容分布状况看，除了个别的抽象深奥的哲学著作和偏重具体实践的操作手册，大部分都可以归为本书第二讲所说的方法论层面的理论著作。这也可以从一个侧面说明许多优秀教师的一个共识：寻找、掌握方法论对于自身专业成长有着重要的作用。方法论是一种策略性知识，是按一定目的运用知识技能解决问题的一般方法，读书则是认识和掌握方法论的重要途径，许多教师通过生动具体的描述呈现了认识提高的过程。

实例 6.8

我的"深阅读"之旅①

在古今中外教育著述中，总有一些经典经久不衰；然而，它们并非是金科玉律。随着时间的推移、国情的不同，乃至阅读者理解力的不同，这些"导游图"能否真正发挥效用，仍需读者头脑的过滤与甄别。我曾十分向往《爱弥儿》一书中卢梭的自然主义教育，很多家长面对孩子的任性哭闹束手无策，我向他们建议卢梭的"冷处理"法。诸多家长半信半疑："置之不理就可以了？一直让他哭？"家长的反问触动了我的担心和疑问："孩子看到成人对自己的哭声无动于衷，是否有心理上

---

① 选自聂文龙:《我的"深阅读"之旅》，原载于张肇丰、徐士强:《教师读书的30种体验》，华东师范大学出版社，2017年版，第141—142页。

的反作用呢？"我随即查阅了一些研究资料，果然已有相关学者对这一问题做过专门的论述：孩子假哭是心理的诉求。倘若经常采取置之不理的态度，孩子感受到的更多的是父母的冷漠，而可能进入一种"习得性无助"的抑郁状态。现代教育学和心理学更加注重个体的情绪调节与心理健康，从这一角度出发，让孩子们先暂时哭一会儿，缓解情绪，再对其讲明要求的不合理之处并制定规则，或许是更加合适的解决方法。

有人说，一个人的阅读史就是一个人的精神成长史。读书不仅是一个接受、吸收的过程，也是选择、鉴别、思考、提高的过程，也就是达到思维结构的新平衡。书是前人智慧的结晶，但尽信书不如无书；学而不思则罔，思而不学则殆。古人早已说过这个道理，上面那位幼儿教师以自身的读书经历做了很好的解读。

（二）反思性写作

教师实践研究的一个主要途径和方式是进行实践反思，而写作是反思的重要载体。但不少教师对写作有畏难情绪，或者怕麻烦不愿意写。比如有人就问："实践反思就一定要写下来吗？我边做边思考不行吗？"对这个问题的回答是：还真不行。单有"实践"而没有反思和思考，就不可能构成"研究"；而"写作"则是让人进入反思的一种必要形式和载体。也就是说，离开了书面文字的记录、整理和表达，反省式思维将受到很大的制约，甚至不能有效地进行。

实践反思的作用，就是要从纷繁复杂的教育现象和教育行为中，澄清问题，理解意义，提炼价值，阐明思路；而这些澄清、理解、提炼、阐明的途径和形式，主要是通过文本写作进行的，包括方案设计、材料分析、结果表达等各种形式。其中对研究结果的表达，思考更为持久、系统、深入，因而反思的成效最为明显。教师作为一个研究者，很难同时充当实践者和反思者的角色，就如难以在上课的同时进行反思。写作拉开了研究者与经验世界的距离，才使生活体验的主体得以成为思考和研究的对象。

人们在评价一位教师或一所学校的教改成果时常说：做的比说的好，说的比写的好。这句话实际上隐藏着一个有关写作与研究关系的重要认识。"做—说—写"的过程，反映了研究者的认识过程和研究深度。为什么"做"和"说"不能代替"写"？因为"做"和"说"带有较多即时的、随意的、感性的成分，它不能使研究者从当下、具体、零散的事实中"抽离"出来，进行反复、持续的"深思熟虑"，因而不能很好地达到"澄清"和"认识"的目的。这也就是许多学校除了上课、听课、说课、评课等常规活动之外，还倡导教师写教学叙事、教学反思的缘故。

我们常见一些优秀教师在介绍经验时口若悬河、滔滔不绝，而一旦请他们把发言内容写成文章，往往困难重重。这个困难表面上看来是"文笔不行"的问题，实质上是认识和思考还不够清晰、不够成熟、不够深刻。写作，正是帮助人将随意的做法和散乱的思绪条理化、系统化的一种研究方式。它使人能够在描述现象与解释意义、感性认识与理性认识、实践行为与思想理念之间，找到适当的联系、平衡与结构，而这个任务靠"做"或"说"都很难完成。即使如许多教师看好的质的研究和叙事研究，同样也需要通过文本写作将问题呈现和提炼出来。可以说，没有写作，就很难有叙事和反思。正是在这个意义上，马克斯·范梅南等人文教育学者一再强调：人文科学的研究是一种写作的形式；写作是我们的方法；研究不只是涉及写作，研究就是写作。（参见马克斯·范梅南《生活体验研究——人文科学视野中的教育学》第五章的有关论述）

（三）寻找身边的高手

观摩交流是促进教师专业发展的有效途径。古人云：独学而无友，则孤陋而寡闻。在当前教师教育和教研活动等领域，常见做法包括：优秀教师经验介绍、科研成果展示推广、磨课赛课说课评课、集体备课教研制度、师徒结对一帮一、专家深入学校指导、理论学习结合实际、以案例为主的工作坊式研修等。各种做法的实际效果因人而异，差别很大。

寻找身边的高手，其实质是借助高水平教师的智慧来引领自己的专业发展。新教师刚走上工作岗位时往往有老教师带教，长期以来这种师徒制已成为促进新教师专业成长的有效路径和学校制度。然而经验表明，大多数年轻教师经过职初期的适应和成长，在其后的专业发展过程中往往会进入一个高原期或瓶颈期，对于如何从合格教师成长为优秀教师，许多人有一种茫然和无助感。因此除了职初期的"师父"，有必要寻找新的指点迷津的高手。这类"导师"与被指导者，可能没有固定的制度化的师徒关系，但却有相对稳定的交流渠道和平台，起到了专业引领的作用。

以学科教研组为核心的教研活动在保障教学质量和教师发展方面，具有不可替代的作用。但是这种常规化的教研模式，还不能满足广大教师专业发展的个别化、多层次、灵活性的需求。因此这些年又出现了多种多样的教研组织形式，如课题组、项目组、读书会、培训班、名师工作室、跨学科跨区域的教研活动、各种非正式的学习共同体等。这些多样化的教研组织突破了原有教研体制偏重就事论事的工作研究框架，从更高的层次和更广的视野来看待教育教学问题。特别是这些教研活动都有高水平教师的组织引领，为参与者打开了教研活动的一片新天地，在很大程度上弥补了教研组、年级组等常规教研的不足。作为一位有理想有追求的教师，应该积极地寻找加入这类学习共同体的各种机会。

**实例
6.9**

那些一起走过的日子 [1]

我加入浦东教育发展研究院王丽琴博士发起的杜威共读

---

[1]　张丽芝、潘君燕:《走近杜威的"做中学"》(附录:《那些一起走过的日子……》),《上海教育科研》, 2012 年第 9 期, 第 45 页。文字有改动。

小组，继而聚焦于"做中学"的教学实践。作为学校的科研主任，我也很关注以全科教学的理念来看其他学科，于是与劳技课任课教师小潘相约一起走近杜威。教学日志记录了我们共同实践与反思的步伐，最后写成了《走近杜威的"做中学"》，投稿"黄浦杯"成长纪事征文。写作时一直在寻找一个好的切入点，可一次次构想又一次次推翻，直到新区截稿前一晚才确定主题，完成初稿。基本构思是两条并行的线索，明线是我陪小潘进行实践探索的过程中小潘的成长，暗线是我在读书小组中获得的灵感和支持。并行的两条线突出了一种团队的力量、一种共同体精神。把文章初稿传给丽琴分享，知道她很忙，不承想丽琴竟然打印了带在身边，抽空圈点勾画，提出修改建议。6月，文章在新区评选中入围，黄建初老师发起基地内互相修改的建议，陈璞深厚的语文功底使之增添许多亮色，而丽琴的修改更是画龙点睛。文章初评通过，我匆匆改好发给黄老师，然而得到老师五百多字的回复，最后说："好文章需要反复修改，因为是好文章。"再重新品读、审视、修改，修改之后再请朋友们帮忙。郑新华博士等都给出许多宝贵的意见，邱磊老师进行了全文润色。一篇文章从四千字改到了七千多字，又压缩到六千字，由于确实喜欢这种新的风格，不惜冒一些字数上的风险，提交时字数再次飙升到七千四五百字。通过区里初评后，再次被打回重改，经过一番推敲、取舍，最后回到六千字出头，觉得实在已经无可压缩。这段时间，我每天起床后第一件事就是把文章再细细地品读、字斟句酌、反复推敲，如此每天都有不同的收获……一个人的成功，个人的努力固然不可忽略，但少了团队的支持也难以实现。黄建初教育科研基地和杜威共读小组两个团队，铸就了我的成长。有幸与这些人相遇，是我走向成功的起点。

**实例
6.10**

读书、交友、写文章 ①

黄建初老师有一句名言："读书、交友、写文章。"两年来，我们基地学员走过了浦东新区十多所中小幼学校，拜访过"长三角"四五家教育科研特色团队，结识了张文质、张肇丰、黄欣雯等知名学者，还在几位名家的摄影、文学专题讲座中开阔了眼界，提升了境界。黄老师倡导没有边界的阅读，经常通过邮箱把自己发现的好文与我们分享；黄老师倡导生命化写作，身体力行，几十年不间断，连基地的学年度总结，都充满生命的在场感，一字一句地朗读给学员们听。在此期间，我在导师的激励和同伴的鼓舞下，进入了科研的转型期，从书斋式的规范性论文写作转而投入基层学校科研的引领与支持，并催生出了好几组以基层学校教师和教发院科研伙伴为主体的实践性科研成果。其中《全球教育展望》

---

① 选自王丽琴：《从游的况味》，原载于"大地良师"公众号，2024年2月17日。文字有改动。实例标题为本书著者所加。

《基础教育》《教育研究与评论》《福建论坛》等期刊陆续刊发我协助组稿的专题文章，内容分别涉及"课例研究""班级叙事""民工子女学校教师生存状态的实证研究"等专题。虽然最后署我自己名字的只有三种（还多为第二作者），但让我特别有成就感。因为我深切地理解了，教育科研工作者的价值不仅仅体现在自己的研究中，更体现为帮助一线教师体验科研的快乐。

上海浦东新区的教师学习共同体是一个优秀的范例，在各种教师专业发展的路径方式中呈现出了鲜明的特色，产生了广泛的影响。除了比较规范的培训课程、名师工作室和各种课题组之外，浦东教师还创建了不少富有生命力的非正式学习团体。如："大地良师"公众号，一个以语音讲座为特色的网络微课平台；"课例研修小磨坊"，注重课堂观察方法学习应用的工作坊；"心世界""良师领读者联盟"，以学术理论书为学习重点的教师共读群体。不同的教师团队各有特色，成员互有交叉，进退自由，活动的时间、范围、内容也有较大的弹性，为不同需要的教师提供了多样化的选择。上文中提到的陈璞、张丽芝老师，都来自浦东远郊的乡镇中学和农场学校，教研资源较为有限。他们除了积极加入区里组织的教师培训项目，更在各种纯民间、零资金、无学分的非正式学习群体中汲取了丰富的营养，现在都已成长为正高级教师，并在自己的带教团队中延续了前辈的优良传统。王丽琴、郑新华和张娜等教科研人员，都是教育学博士出身，他们长期以普通学员的身份与中小幼教师一起学习切磋，找到了成就自我的发展路径，如今在区域教育科研发展中起着重要的引领作用。当然自由选择也包含着退出，就以看似最容易的读书活动为例，也有不少教师因为需要定期上传读书笔记而不能坚持，这就看各人的选择了。

总体上说，这些教师学习共同体构建了以往制度化的教研活动之外的新组织、新路径，在这里，有名师引导，有同伴互助，有情感激励，也有方法切磋。一名普通教师加入其中，便走上了由边缘到中心、从实践到文本的阶梯，由此攀登自身成长的新高度。这些教师学习共同体不仅有许多精彩的故事，还蕴含着丰富的体验和经验，可以从中提炼出许多独到的方法和观念，今后也可能形成某种教师专业发展的实践理论。

孔子有一句名言："三人行，必有我师焉。"梅贻琦校长说过："学校犹水也，师生犹鱼也，其行动犹游泳也，大鱼前导，小鱼尾随，是从游也。从游既久，其濡染观摩之效自不求而至，不为而成。"古今教育家从不同角度阐述了"寻找高手，边缘参与，共同进步"的意义内涵。对此王丽琴老师还有一段形象生动、意味深长的描述，这里就引作本讲的结尾：

有一本很有哲理的图画书《小黑鱼》，故事中的小黑鱼是勇敢的象征，他率领一群小红鱼，游成了一条巨大的鱼的模样，吓退了其他大鱼。我经常想，我此生不可能成为一条大鱼，但我可以努力成为小红鱼群中的一条，和他们一起努力地游成有力的阵型；我也应该在条件许可时，努力成为小红鱼群中那条先行的小黑鱼，一起自由地游向我们向往的世界。

后 记

写这本书的想法由来已久，说来话长。

2011 年，拙作《从实践到文本：中小学教师科研写作方法导论》问世，一时颇受好评。其实有些问题当时还没完全想清楚，未免留下了一些遗憾。因此其后几年一直挂心于增删修订。在彭呈军老师的支持下，第二版和第三版相继于 2016 年和 2021 年修订出版。修订版力求更鲜明地体现教师实践研究的特点，更为关注理论与实践的结合，增强论述的针对性和系统性。2023 年 10 月，上海市新闻出版局主办的"辑客出发"进校园活动，专场推介了此书。原来第一版按通行的学术写作套路，撰写了科研写作的理论基础一章约两万字，虽然自认为写得也有一定特点，但总有点游离于全书主题之外，因此第二版修订时决意全部删去，另增补了与研究主题关系更为密切的教师实践理论的形成和关键教育事件等章节。两次修订从理论建构的角度看，弥补了一些结构性的缺陷，也有一定的可读性。与此同时，在听取读者反馈和书稿修订的过程中也发现，原书的框架结构很难满足进一步增强实践性的要求，对于一些教师研究者特别是写作新手来说，可能需要一本更为通俗实用的写作指导书。这是写作本书最初萌发并逐渐增强的动机。

上述十年间，还做了两件事：一件是主编了"长三角教育科研丛书"；另一件是受命担任了《上海市志·教育分志·普通教育卷（1978—2010）》主笔及项目实际负责人。这两件事耗费了不少时间和精力，我也从中收获不少教益，从不同角度影响了新著的写作。

"长三角教育科研丛书"是"黄浦杯"征文的获奖作品选。"黄浦杯"是江浙沪各大城市教科研院所联合主办的一项有影响力的征文活动，从 2004 年起，至今已逾二十届。这项征文的特点是选题切口小、开掘深、注重专业引领，在国内各种教育征文活动中独树一帜，发掘、推介了一大批一线教师的优秀作品，对推动中小幼教师参与科研写作起到了独特的引领作用。在征文的前几年，获奖征文是以《上海教育科研》杂志增刊的形式编辑发表。2010 年"教育中的创意"征文启动后，我们感到，以往增刊发行的影响面比较小，而"黄浦杯"的获奖作品可以说是代表了国内教师科研写作的一流水平，没有得到更广泛的传播，真是有点可惜了。于是在华东师范大学出版社的支持下，我们第一次以书籍形式选编出版了《智慧教师的 50 个创意》。这本书一出版就大受欢迎，其后加印多次，很大程度上增强了我们编辑这套丛书的动机和信心。2011 年，《课堂改进的 30 个行动》出版，再次受到教师读者的欢迎。于是，每年办一次征文便出一本书。同时，出书的构想又反过来成为确定征文主题的思考角度和评选要求，"黄浦杯"征文的专业引领、专业表达的特点进一步得到确认和强化。经历十多年的提炼和积淀，书的内容在整体上可以经得起时间的考验，许多篇目仍然是本书写作时优选的素材来源。例如 2011 年"新观念，好实践"征文倡导的运用比较方法开展课例研究的思路，2012 年"成长纪事"征文对叙事研究的探索，已成为本书第三讲"比较与分类：基于归纳的经验总结"、第五讲"叙事与说理：蕴含在故事中的研究"的重要内容。

2011年,"上海普教志"立项。盛世修志,这部志书全景式地反映了上海教育改革开放以来的发展历程,汇聚了大量珍贵、翔实的史料数据和重要成果。整个编纂项目头绪繁多、工程浩大,且本单位人员基本上是在承担原有研究任务的基础上义务劳动,幸得同事们的理解和支持。十年磨一剑,这期间还经历三年新冠疫情,终于修成正果,"上海普教志"于2021年底通过层层审定出版发行。这类史志研究对于"教师科研写作"没有什么直接的帮助,但也有所启发和收获。浏览大量史料,包括上海教育科研的各种著述、课题及目录,发现行动研究、教改实验的理念早已深入人心,但是要找几个有代表性的实例却很不容易。这个发现及后续的思考,在本书第四讲"假设与验证:基于演绎的实证研究"中做了进一步的阐发。此外,我通过文献阅读还发现,大量的实践研究论文包括各类获奖成果在提炼和表述的质量水平上差异很大。所谓"做的比说的好,说的比写的好",这类现象不说是普遍的,但也远不是个别的。这类问题启发了本书第二讲"理论与实践:认识有用的方法论"、第六讲"同化与顺应:教师专业成长之道"等内容的讨论。

上述三件事做完,写新书的动机和时间算是有了,但怎么写却还没有想好。本书前言中已提到,近年来已有一些实践性较强的教师写作指导类书籍出版,一般都以文体种类为框架,分别介绍论文、案例、文献综述、调查报告等体裁的写法,同时结合一些格式规范、编辑流程和投稿技巧的说明。可以说,人们对写作文体的研究和了解已经比较全面,自己顺着这个思路写下去很可能大同小异、画蛇添足。经过一段时间的思考,我决定把《从实践到文本:中小学教师科研写作方法导论》中没有讲透的思维方法与研究方法、写作方法关系的内容提取出来，作为本书写作的基本思路和框架。我一直认为，作为研究者的教师需要建立一种科研写作的"大局观"，既要脚踏实地，更要仰望星空。教师的专业发展，要突破就事论事、拿来能用的局限，学会从一定的高度和宽阔的视野中观察思考眼前的具体问题，从同化到顺应，使自己的发展不断"升维"。

主题一旦确定，后面就是构建全书框架、拟定大致章节、搜寻实践材料等。其中最基础的工作，还是分析论证全书的逻辑结构。以归纳与演绎两种思维方式，对应和统领各种具体的研究方法、写作方法，好像以前还没有人做过。看似各种思路方法分门别类、条理清楚，但是理论上、逻辑上能否成立，还需要认真思考、辨析推敲。例如行动研究法，本书中是与实证研究方法一起归于演绎思维范畴的，但是学术界也有不少人认为行动研究是一种归纳思维的应用。限于本书性质，这类理论问题不便展开讨论。我在阅读和思考相关研究文献后，还是坚持了原来的想法，在演绎思维的大框架下介绍行动研究。同时也结合实例说明，教师的实践研究受各种条件的制约，往往是多种思维方式和研究方法的综合运用。行动研究在理论上应该是具有演绎思维的假设与验证的基本特征，同时也结合经验总结等归纳方法，形成一种混合式研究。这个思路有助于提醒教师研究者，避免把行动研究做成经验总结，既有理论依据，也有实践针对性。

去年暑假期间，李永梅老师向我约稿，这是最终启动本书写作的外部推动力。8月上旬，新冠疫情之后第一次乘飞机外出，身心得以放飞。"晴空一鹤排云上，便引诗情到碧霄。"诗情化作了理性的书写，秋去冬来春又至，这期间有笔随心意，也有苦思冥想，更有豁然开朗的愉悦。在此，我也期待看到本书的教师朋友们，能够在科研写作中找到一种挑战自我、进阶升维的乐趣。这也是本书写作的初心。

张肇丰

写于 2024 年 3 月